中国农业科学院
农业经济与发展研究所

# 研究论丛

## 第 5 辑

● 本书为中央级公益性科研院所基本科研业务费
　专项资金资助项目

# IAED

Research on Agricultural Credit
Demand and Supply in the Perspective of
Modern Agriculture

# 现代农业视角下的农业
# 信贷需求与供给研究

靳淑平　王济民 ◎著

中国财经出版传媒集团

经济科学出版社
Economic Science Press

当前，我国农业处于从传统农业向现代农业加速转型的关键时期。这一时期，农业发展取得了举世瞩目的成就，粮食生产实现"十一连增"，农民收入稳步提高，同时以规模化生产为基本特点的种养大户、家庭农场、农民专业合作社、农业企业等不断涌现，成为新型农业经营主体。与传统农业相比，现代农业具有技术密集、资金密集、生产规模化的显著特征，随着现代农业的发展，资金短缺问题日益成为新型农业经营主体的主要制约因素，贷款难、贷款贵和贷款期短的问题始终未能得到很好的解决。因此，加大对现代农业信贷的支持力度刻不容缓，意义重大。

本书主要以农业发展理论和相关金融理论为基础，以农业信贷资金为研究对象，针对农业信贷对现代农业的促进作用，新型农业经营主体的信贷需求与金融机构农业信贷供给的现状、问题与影响因素，新型农业信贷模式以及非正规借贷对农业产业支持规模等问题进行了较为系统的分析。全书共分为8章。第1章，介绍本书研究的目的、意义、技术路线等，对已有的相关研究成果加以总结和评述；第2章，简述本书研究所依据的理论基础、逻辑分析框架；第3章，从发展历程和实证分析两方面论述农业信贷对现代农业发展的促进作用；第4章，以新型农业经营主体为视角进行农业信贷需求现状、问题及影响因素分析；第5章，以金融机构为视角进行农业信贷供给现状、问题及影响因素分析；第6章，基于农业信贷缺口，对农地金融、财政撬动金融、价值链金融及移动金融等几种农业信贷创新模式进行评析；第7章，对非正规借贷对农业产业发展的支持规模进行了估算；第8章，得出研究结论和政策建议。

研究得出的主要结论是：（1）现代农业和农业信贷的发展均有其自身发展规律，农业信贷对现代农业发展起着强有力的促进作用；（2）新型农业经营主体对金融机构贷款需求缺口大，其自身生产条件、国家贷款政策和抵押物缺乏成为得不到贷款的主要原因；（3）金融机构的农业产业信贷资金供给量严重不足且不均衡，存款数量、贷款利率、金融机构利润成为显著影响因素；（4）多种农业产业融资创新模式各具特点及适应性，应根据具体情况区别应用；（5）农业产业非正规借贷成为农业生产经营资金投入的重要来源，但农业产业单位借贷资金贡献度逐年下降值得关注；（6）农业信贷在支持现代农业发展方面已经取得很大成绩，但在完善法律法规、现代信贷供给组织体系建设以及创新融资模式等方面的任务仍然十分迫切与繁重。

基于上述分析结论，提出如下政策建议：（1）重视农业信贷对现代农业发展的显著影响作用，加大农业信贷力度和诚信体系建设；（2）强化政府在信贷服务体系中的作用，建立从中央到地方的全方位农业产业信贷服务模式；（3）调整农业产业信贷支持方向，更多地向农业基础设施、农业中小企业发展方面倾斜；（4）更新信贷模式与手段，加快农地金融、财政撬动金融、价值链金融、移动金融等多种模式进入农业；（5）充分认识农业产业非正规借贷的重要性，应对其采取引导与完善相结合的政策。

本书在写作过程中参考了许多资料，在此对专家学者们表示深深的谢意，同时也恳请广大读者对书中存在的不足提出宝贵意见。

**作者**

2020 年 6 月

# 目录
Content

## 第1章

# 导　论

## 1.1　研究背景和意义

现代农业建设不断取得突破性进展。自 2003 年以来中央连续发布促进农业发展的相关政策，围绕农村税费改革、提高农民收入、新农村建设、加强基础设施建设、推进农业科技创新、加快发展现代农业等进行了战略部署与安排。近年来，我国农业综合生产能力明显增强，农民收入大幅提高，工业化、城镇化快速发展，强农惠农富农政策力度进一步加大，更强有力的科技支撑和优化的外部环境，都为农业发展提供了更加有利的条件。农业取得了举世瞩目的成就，为国民经济的发展做出了巨大贡献。粮食连续增产，2019 年总产量已达 66384.34 万吨；蔬菜、水产品、肉产品等产量也取得较大发展，2019 年分别达到 72102.56 万吨、6480.20 万吨、7758.78 万吨。农民收入也有了较大幅度的提高，同时，随着农业产业结构调整，城乡统筹进一步发展，农业为其他产业的发展提供了大量的劳动力。

加快推进农业现代化仍然面临诸多问题。首先是国家粮食安全问题，"无农不稳""无粮则乱"，粮食安全不仅是一个国家的经济基础问题，更是国际政治问题，时刻都应严肃对待。其次是农民收入问题，农民的收入在近些年有了很大提高，但与城市居民相比，仍有很大差距，2019 年农村居民人均可支配收入为 1.60 万元，而城镇居民人均可支配收入为 4.26 万元。最后是要素市场问题，农村要素市场的发展面临严峻的挑战：劳动力要素方面，劳动力结构失调，农村青壮年劳动力纷纷离开农村进入城市打工，务农的大多是老人、妇女和孩子；土地要素方面，由于大批青壮年劳动力进城，使得大量耕地闲置、荒芜，一些地方已经出现林木侵占耕地的现象；技术要素方面，农业劳动力的缺乏使得一些先进的科学技术和管理方式难以在农业生产中实施，阻碍了技术进步；资金因素方面，由于缺乏有效的资金投入，很多关键的农业基础设施得不到建设与维护，先进的农业机械在农业生产上得不到应用；等等。这些问题带来了一系列后果，如抗灾减灾能力低、比较效益偏低、主要农产品供求平衡不足、资源环境约束加剧以及小生产与大市场的矛盾等，严重阻碍了优质、高效农业的发展进程，影响了农业生产力的进一步提高。

农业新型经营主体不断涌现。针对上述问题，全国各地积极探索，出现了一批新型农业经营主体。有些地方采取了改革创新措施，将农地向一些种植大户、养殖大户、农业专业合作社集中，进行规模化生产，取得规模效益。同时，进行农业产业化改革，强化农业生产的产后加工贮运，加快初级农产品的就地加工转化进程，一些农业企业应运而生。截至 2014 年底，全国家庭农场总数超过 87 万家，农民合作社达到 128 万家，农业产业化龙头企业达到 12 万家（韩长赋，2016）；多种形式的适度规模经营迅速发展，土地承包经营权逐步向生产和经营能手集中，农村土地流转率约30%（韩长赋，2016）；土地承包经营权确权登记颁证试点、农村集体产权制度改革、农产品目标价格改革稳步推进，多种新型主体和多种适度规模经营的新型格局逐步形成，并日益成为现代农业发展的主导力量。

资金短缺成为新型主体发展现代农业的主要制约。这些新型农业经营主体在规模化生产中需进行规模化的投入，单靠其自身财力是远远不能达到的，而国家财政支持又微乎其微，因此金融资金，尤其是信贷资金将成为农业生产支撑体系中的重要方面。但当前农村金融体制还存在诸多与现代农业发展不相适应的地方，如农业金融机构信贷资金严重短缺问题还会在一定时期存在，财政支农补贴力度小，与农业借贷相关的制度建设还有待完善，金融资源缺乏合理配置致使一些农村地区的金融服务欠缺，民间金融活跃但缺乏必要的规范管理等。另外，涉农金融机构自身也存在诸多需要解决的问题，如农村政策性金融业务范围狭窄、商业金融的趋利行为使其对"三农"的支持力度日益弱化、农村合作性金融规模小且市场份额低等。这些问题使得农村基础设施极为薄弱，新型农业经营主体贷款难、期限短、贷款贵等问题还没有从根本上解决，一定程度上影响其进行扩大再生产。

　　加强金融信贷对新型主体支持研究意义重大。邓小平早在 1991 年就提出了"金融是现代经济的核心"的科学论断，[①] 这一论断深刻地揭示了金融在现代经济中的地位和作用。中国要实现现代化，就要加快农业现代化；加快农业现代化，就需要金融资金的大力支持；农村金融资金支持农业的能力越强，农业的前进步伐就会越快。为此，以新型农业经营主体角度研究影响信贷资金需求的因素、以涉农金融机构角度研究影响农业信贷资金供给的因素、合理预测农业信贷资金供求缺口、分析新型农业信贷融资模式的特点与适应条件探讨非正规借贷对农业产业的支持规模等，将为国家制定金融政策、进行金融模式创新起到一定的参考作用。

## 1.2　国内外研究现状

### 1.2.1　现代农业的发展道路

　　西奥多·W. 舒尔茨在《改造传统农业》中提出，发展中国家要想使经济快速增长，必须依赖农业的发展，而传统农业显然不具备这种能力，只有实现农业现代化才能实现经济快速发展。周洁红和黄祖辉（2002）提出，农业发展在于将传统农业升级为现代农业。关于农业的发展阶段，最为突出的是约翰·梅尔的农业发展三阶段理论，梅尔认为，当前多数低收入国家资本稀缺、劳动力充裕，处于农业发展第二阶段（刘云，2005）。

--------

　　① 《邓小平文选》（第三卷），人民出版社 2001 年版，第 366 页。

速水佑次郎的"农业发展三阶段论"是 1988 年提出的，他认为第一阶段的主要特征是增加粮食供给，主要政策目的是提高农产品产量；第二阶段的主要特征是解决农村贫困，主要政策目的是提高农民的收入水平；第三阶段的主要特征是优化农业产业结构。

陈锡文（2012）提出农业现代化与传统农业区别的几个标志，包括物质能量循环的转变、技术进步、务实高效的农业支持保护体系以及农业组织体系。陈锡文（2013）分析了当前发展现代农业的紧迫性，认为创新农业经营体系、优化生产要素组合、维护农户合法财产权益、发展新型农民合作组织是建设现代农业的重要条件。卫龙宝等（2009）认为，现代农业应朝着发展家庭经营、统筹城乡发展、科技支撑、可持续发展的方向发展。吴海峰等（2013）认为，粮食和农业优质高产是现代农业发展的前提，具有较高的产出率以及较强的抗风险能力，并参与市场竞争。谢龙（2008）指出商品化是现代农业发展的实质与核心。农业部课题组（2005）研究提出了发展现代农业的具体指标：农业劳动力为全国劳动力总数的20% 以下，农业投入占当年农业总产值40% 以上，农业科技进步贡献率为80% 以上，农产品的商品率为95% 以上。徐薇（2010）通过对四川省进行实证分析，提出发展现代农业应构建六大农业支撑体系，包括农业财政金融与保险、农业科技与人才、农业产业、农业信息服务、农产品质量安全以及农业市场等。高海珠（2005）指出，发展现代农业的资本投入应与劳动力相互补充，避免与工业相竞争。陈志兴和楼洪兴（2005）提出，农业是绿色产业范畴，应大力建设生态农业。

## 1.2.2　现代农业评价指标体系

刘巽浩和任天志（1995）构建的现代农业评价指标体系由四个系统组成，即农业生产、技术装备、社会经济、资源环境。徐星明和杨万江（2000）构建的现代农业评价指标主要包括生产条件、投入水平、生产力水平、经济社会结构、农民收入及生活水平等。郭强和李荣喜（2003）使用农业发展水平、劳动者素质、农村富裕程度、环境质量等作为评价指标。刘晓越（2004）比较注重农业生产，将生产手段、劳动力、农业产出、生产条件作为评价指标。牛晓叶（2007）、蒋和平和黄德林（2006）、曾利彬（2008）等学者均较为关注农业投入、农业产出、社会发展、可持续发展等方面的指标。黄祖辉等（2009）构建了一般评价指标体系库，从广义的资源利用率角度，整理了现有的评价指标，将资源分为土地资源、劳动力资源、水资源、物质资源和技术资源。

关于绩效评估，以往的专家学者主要根据上市公司和工业企业的业绩进行绩效考核，何宜强（2005）、朱丽莉（2004）、林乐芬（2004）、许彪（2000）等学者从上市公司的资产营运能力、成长能力、盈利能力、偿债能力和股本扩张能力等不同方面进行实证分析和绩效评价。何艳桃等（2008）对于农业经营组织的生态绩效评估，提出一般采用多目标综合评价方法比较合适。

### 1.2.3 农村金融需求

鲁本·杰索普等（Reuben Jessop et al., 2012）的研究表明，大多数发展中国家的农民没有获得足够的金融服务（支付、保管和储蓄、信贷，保险），这阻碍了他们生产的效率和安全。许多农民难以支付季节收获的投入，投资农业技术和推广就更难了。戴博（Dalber, 2012）通过对小额信贷的研究提出，小农占据越来越重要的全球农业价值链段，跨国买家将越来越依靠小农来确保他们的农产品供应和帮助满足消费者的可持续性偏好。全球小农农业资金需求大，基本上未得到满足。

目前国内农村信贷资金需求十分旺盛，包括规模种养、农村中小企业、发展设施农业等方面，国内专家学者也进行了很多相关的研究。孙雷等（2006）指出农户是农村融资需求的主体，制约农户需求的因素包括：资金价格、供给结构、非正规金融的非法地位和农村经济转型。焦兵（2006）认为农村借贷在结构、层次以及借贷用途等方面与城市信贷有着截然不同的特点。李学春（2009）对农户及中小企业等不同经济主体的资金融入需求进行了较为详细的分析，认为农户的资金融入需求主要通过私人借贷或民间非正规金融组织实现，农户的贷款需求将随着生产经营规模和收入的增长而不断加大，融入资金需求的重点将转向生产性借贷，而且农户对金融信息服务和理财服务的需求也进一步加强。大型企业和龙头企业的金融需求更加广泛，主要包括融资、全面便捷的金融服务、理财咨询及集团性的资金调配需求等。李军峰（2009）指出，农村的金融需求是决定和影响农村金融组织发展的重要因素，贷款难是农村金融需求中的关键问题。

针对影响农业信贷需求的主要因素，国内外已经进行了较为广泛的研究。凡姆等（Pham et al.，2002）通过分析越南信贷市场中农民的参与度、金融机构借贷者对农户需求的反应以及信用影响力三个因素，认为信用影响力最显著。可汗索等（Kohansal et al.，2008）提出分期付款额、耕地数量、先前投资成为农业信用投资的主要影响因素，同时他还提出政策变化对投资可能性的影响。爱德华多等（Eduardo R. C. et al.，2012）提出农民在购置农业投入品时面临预算约束，政府的信贷计划可以增加农业品的供应量。穆罕默德（Mohamed，2003）还提出了低水平的教育降低了信贷准入机会。还有学者提出信息缺口对信贷的影响，如借贷双方存在信息缺口的原因是农村地区的人们依赖民间借贷或非正规借贷，这是由于其拥有快捷的途径、灵活的条款和非正规的方法等优势（Ekumah et al.，2003）；实体银行的存在和与银行直接签合同可向客户获取章程所要求的信息，银行的外延项目和广告很难加强信贷条款方面的警示（Ekumah & Essel，2003）。还有其他一些因素，如借款人的收入、在专门区域缺失金融服务、信贷安全需求、灵活的条款、最小数量的平衡需求等，随着距离的增大，信贷需求也随之下降（Mpuga，2004）。关于利息率影响的研究也较多，如利息率对投资和农业发展有非常大的影响，所以我们可以将投资和资本成本联系起来，高的利息率可以加速外部融资（Fry，1995）；利息率还执行着在不同的竞争需求之间分配有限信贷供给的功能（Ibimodo，2005）；一些政策制定者相信，允许低利息率的贷款偿还可以支持农民抵制那些威胁他们福利的政策带来的后果（Ghorbani，2005）。

国内对此问题也进行了相关研究。秦建群等（2011）基于来自中国 12

个省（自治区、直辖市）3051 户农户家庭的实地调查数据，运用 Logistic 模型进行了实证研究，认为对信贷需求影响较为显著的因素包括农户受教育程度、农户家庭规模、家庭收入以及是否购买养老保险。另外，农户从事的经济活动类型也会对农户的信贷需求产生影响，纯农业农户为正向影响，而非农业农户为负向影响。颜志杰等（2005）对中国 30 个县 1199 个农户的调查数据进行计量分析，得出影响农民获得信贷资金的主要因素包括：户主年龄、家庭财产状况、非农就业人数、金融机构贷款用途、地区经济条件等。对河北省平原地区农村的调查发现，农村信息传播的缺失将直接影响农户收入的稳定性和贷款需求的有效性。黄光伟（2008）认为农村信贷中存在有效需求不足的问题，利率水平、交易成本、区域经济水平是其主要影响因素；农户拥有的土地、房屋、农机具等固定资产几乎不能作为有效的抵押物，也对有效需求不足产生影响。

## 1.2.4　农村金融供给

早在 1984 年相关学者就指出金融机构的低效运行、稀缺资源的低效配置等对农业金融的影响（Adams et al.，1984）。黄季焜等（2003）认为中国农村资金短缺与农村资本流向城市有关。艾蒂奇等（Iddiqi et al.，2004）提出对农民的信贷流量增加可增加作物的生产投入。在没有拖拉机、灌溉、使用化学肥料的条件下，对于作为因变量的农业收入、人均耕地以及农药等的研究表明，信用（生产信用）在 95% 的置信水平上显著，拖拉机和化肥的使用也贡献积极但不显著，这主要是由于化肥和拖拉机使用不当。鲁本·杰索普等（2012）提出，在金融供给中，主要包括：商业银行、农业发展银行、小额信贷和使用者自身的金融机构、价值链、租赁、非金融机构金融、农业保险、担保资金、公共的和捐赠资金。通过对六个国家的研究表明，价值链是农业最重要的金融来源，农民也可以通过农民协会和牛奶收集中心等部门得到信用。不同的价值链合作伙伴可以使用不同的金融机构提供不同的服务，在发展中国家，农村商人和农民经常会依靠非正规金融和小额信贷机构的简单组合、贸易信贷等。

当前国内农村金融资金的供给现状：一是信用社是县域金融供给的主力军；二是农村资金外流趋势未能有效遏制，邮政储蓄成为县域金融"抽水机"，农村邮政储蓄每年流出大量资金，商业银行支农仍停留在口头上，未得到有效落实。黄光伟（2008）分析了正规金融和非正规金融供给效果，认为供给不足是农村金融供给的主要问题，表现为农村资金外流严重、金融机构萎缩。许清正（2009）认为在提高农村金融供给的手段方面，中小金融机构、小额信贷是不够的，其根本途径应通过机制变革、制度创新及其他配套措施来保证农村金融供需平衡。邵传林（2011）认为农村非正规金融活动不仅有日趋繁荣之势，尤其是在中国西部欠发达地区，而且还具有较高的制度效率，保持了极低的违约率。郑晖（2012）提出了政策性银行进一步强化支农资金的基本思路，大力发展农业农村基础设施建设中长期信贷业务，重点支持新农村建设和水利建设。徐忠等（2004）提出，不当的利率政策会扭曲农村信贷市场价格，使农村信贷资金外流，加剧农村信贷资金的短缺。温涛等（2005）、张兵等（2007）指出，资本投入量不足与资本配置低效率成为限制农村经济发展的双重因素。贝多广（2004）认为造成资本投入量不足的主要因素包括金融体制、金融市场以及金融产品。

## 1.2.5　金融服务

通过总结美国、日本、印度农业信贷资金配置制度的基本经验，周一鹿（2010）提出了对中国的启示：按合作制原则改革和发展我国农村信用社、对各农业信贷机构进行合理的分工、针对我国农业贷款的特点设计农业信贷业务制度、监督管理、政府支持等，政府的支持主要表现在资金支持、政策支持和法律支持等。关于国内农村金融资源的配置效率，谷慎（2006）提出，制度有效供给不足是造成中国农村金融资源配置效率低下的主要原因，创新农村金融制度是提高农村金融资源配置效率的关键。李永平（2007）认为，非正规金融与正规金融相比，有着更高的配置效率。

姚耀军（2006）指出资金配置在我国农村金融服务体系中缺乏效率。郭鹏（2010）对农村金融服务效率评价的主要衡量指标包括农村居民人均纯收入、农村储蓄、农村贷款、农村金融深化等。

周一鹿（2010）通过引入奥代多昆（Odedokun，1992）的经济效率模型与格林伍德和乔万维奇（Greenwood & Jovanvic，1990）提出的产出增长率模型，对中国各地区农业信贷资金配置的技术效率进行分析得出结论：东部、中部地区农业信贷资金配置技术效率处于相对较好的状态，西部地区一直处于相对落后的水平。通过对中国各地区农业信贷资金配置的规模效益分析，得出东部地区农业信贷资金配置的规模效率在三大区域中也是最高的，中西部地区融资规模不足严重阻碍了经济发展。

专家学者在金融服务体系建设方面，均提出了农村金融服务机构缺失，政策性金融组织服务功能单一、农户和小企业缺少有效抵押物、国有控股商业银行在趋利行为的诱导下压缩在农村营业网点的数量，致使支农资金严重不足、金融服务资源迅速减少。

伴随着农村金融体系出现的问题，一些新型农村金融机构应运而生，主要包括村镇银行、贷款公司和农村资金互助社等，一定程度上弥补了农村地区金融服务的空白，扩大了金融覆盖面。吕珊珊（2010）提出村镇银行面临的问题包括：存贷款发展速度慢、对农户的支持力度小、贷款外流至企业和工商户等，这与其网点少、竞争压力大、抗风险能力弱等因素有关。陈雨露等（2010）认为村镇银行在实际运营中由于"吸储难"、经营管理缺乏独立性、产品同质化等问题，使得其在竞争中处于劣势，公众认知性差使得业务发展受制约。贷款公司也相应存在现代技术缺乏、风险控制意识和能力薄弱、高利率引发的"挤出效应"和可持续问题、监督缺位违规事件屡有发生、股权结构分散转制动力缺乏。农村资金互助组织也同样存在相关问题：一是农户入社存在短期性，互助社的互助功能明显不足；二是政府主导的发展模式与"内生金融"预期目标存在差距；三是自我管理能力低下，激励约束机制严重缺失；四是部分农村互助社存在强烈的吸储冲动。

针对合作金融问题，王涛（2010）以新制度经济学为研究方法进行了较为深入的分析，认为合作经济组织之所以能收入大于支出，是因为它们充分利用了熟人社会里所广泛存在的社会资本以及社员之间较为对称的信息。这一点也将其与商业性金融和政策性金融区分开来。

农业部金融调查组（2010）的调研报告反映，近年来各地积极落实中央要求，对农村金融工作进行改革与创新，取得了一定成效。一是扩大了抵押担保物的范围，以地方财政资金为主成立担保组织和扩大营销担保物的范围；二是创新农村金融产品，如农村合作银行推行的农户小额信用贷款、中国农业银行推行的惠农卡等；三是创新农村金融组织，包括改善农村金融政府环境、增进农村信用体系建设、推进村级金融服务室建设。这些举措虽然取得了一定成效，但金融失衡的问题未得到根本的解决，农村金融改革中又产生了一些新的矛盾，如农村资金互助社定位不明确、入社门槛高，新型农村金融机构的资金不足，农村互助资金组织监管缺位等。这些机制方面的问题需要政府出台相应的政策才能加以解决。邱正文（2012）通过对长沙市农业发展模式的研究，提出"十二五"期间农村金融服务体系应做好如下工作：一是建立农民承包责任地流转信托中心；二是建立国家农贷担保基金；三是健全金融支农体系；四是健全农业投资风险保障体系。

关于金融环境，张义豪（2011）建立了农村金融生态环境评价指标体系，得出结论：东部或东北地区省份排在前五位，山西、湖南位列中间，其他省份排列较为靠后。蒋满霖（2010）提出应构建高水平均衡的农村金融生态环境制度，认为应建立中国特色的农村公共产品供给创新制度，实现"村民自治"的基层政府制度创新，建设完善与高效的法律制度、农村金融监管制度和高度的信用文化制度。

## 1.2.6 金融供求的研究方法

田力等（2004）根据戈德史密斯的理论，对金融融量与经济总量的相关关系建立了金融理论融量模型，并计算出农村金融缺口。彭芳春（2010）也是以史密斯的金融融量理论为基础，根据北京地区的正规金融、财政资金与年度 GDP 测算出北京地区的经济金融相关系数，对民间金融规模进行测定。郭沛（2004）根据个私企业和农户两个主体测算了农村非正规金融规模，个私企业非正规融资规模根据窄口径和宽口径估计，农户的非正规借贷规模根据相关调查数据得到。李建军（2008）将农户、私营企业、个体工商户等中小经济主体作为测算主体，通过单位 GDP 贷款系数、贷款满足率等几个指标测算出了未观测贷款的存量规模。

## 1.2.7　文献评价

以上诸多国内外研究成果无论在理论上还是在实践上均为促进现代农业的农村金融政策研究奠定了基础，为开拓研究思路、丰富研究方法提供了重要的参考和启示，但在一些问题上还存在不足，有待进一步完善。主要表现在以下三个方面。

（1）缺乏对现代农业发展中新型农业经营主体的农业信贷需求状况进行研究。随着现代农业建设不断深入，农业生产规模化、标准化程度不断提高，以规模化生产为特点的农业生产经营主体随之涌现。而在以往的研究中，信贷需求多以一般农户为研究对象，很少以新型农业经营主体为对象进行研究。

（2）缺乏农业信贷对现代农业发展的促进作用研究。以往的研究中对现代农业发展评价指标、农村经济整体发展情况与金融服务相关性研究较多，而针对农业发展，尤其是结合现代农业的发展来分析农业发展与农业信贷关系的研究较少。

（3）在研究农业信贷供需问题方面也存在一些不太完善的地方。一是对农业信贷需求影响因素的分析方法，多数研究使用 Probit 或 Logistic 模型进行农民信贷意愿等单方面的研究，较少涉及信贷数量问题，而在实际生活中，农业信贷表现的不仅是意愿、是否得到等单方面问题，还存在得到信贷数量多少的问题，这就需要使用能将两方面问题相结合的方法进行分析。二是对金融机构农业信贷供给影响因素分析的主体定位，以往研究多是在宏观层面上对农业信贷供给渠道、供给不足原因进行分析，在微观层面，尤其是针对农业信贷供给者——金融机构的分析较少。三是为解决农业信贷供给不足问题，现阶段出现了一些新型信贷模式，如农地融资模式、财政撬动金融模式、农业价值链融资模式、移动金融模式等，相关研究也对此进行了一些介绍与点评，而对现阶段创新农业信贷模式进行系统分析与论述的较少。四是对非正规借贷支持农业发展的供给规模问题，以往对此研究较少，个别研究也是针对农村经济整体发展情况，而未对农业产业发展本身的非正规借贷规模进行研究，而这方面是解决农业信贷供给不足的重要渠道。

本书将以上述问题为主要切入点，系统分析农村信贷对现代农业发展的促进作用，在需求方面围绕新型农业经营主体需求现状、问题及关键因素，在供给方面围绕涉农金融机构提供农业信贷资金现状、问题及关键因素，金融机构农业信贷供需缺口，农业信贷融资模式的发展趋势，以及对非正规借贷支持农业发展的规模进行估算等进行重点分析。

## 1.3　研究目标、研究内容

### 1.3.1　研究目标

本书在论述农业信贷对现代农业发展具有促进作用的基础上，通过分析新型农业经营主体的信贷需求与金融机构农业信贷供给情况，阐述影响农业信贷资金供需的影响因素，预测农业信贷资金供求缺口，探讨新型信贷融资模式，为发展现代农业提供更优质的金融信贷服务。

### 1.3.2　研究内容

本书主要围绕以下五个方面的内容展开。

（1）农业信贷对现代农业的促进作用。在宏观层面从发展历程分析和实证分析两方面展开，研究现代农业发展水平与农业信贷水平的相关性和具体影响程度，为下一步农业信贷供需问题研究提供宏观背景。

（2）农业信贷供需现状、问题和制约因素分析。农业信贷需求的研究对象为现代农业发展中涌现的农业经营主体（种养大户、家庭农场、农民专业合作社、农业企业等），农业信贷供给的研究对象为提供涉农贷款的金融机构（主要包括中国农业发展银行、中国农业银行、农村信用合作社等）。此方面的研究旨在从微观层面揭示以现代农业规模化生产为主要特征的新型农业经营主体的农业信贷需求现状及影响因素、金融机构的农业信贷供给现状及影响因素等问题。

（3）农业信贷创新模式评析。全国各地为解决农业信贷供求缺口而进行了多种形式的信贷模式创新，对这些信贷创新模式的表现形式、适用条件以及在运行中存在的问题等进行评析，为制定农业金融政策提供依据。

（4）非正规借贷支持农业产业发展的融资状况。对非正规借贷对农业发展的融资规模进行估算，并分析存在的问题。

（5）结论和政策建议。总结研究结论，并在此基础上，提出解决现代农业发展所需信贷资金不足问题的政策建议和保障措施，为政府宏观决策提供参考。

# 1.4　研究方法、数据说明与技术路线

## 1.4.1　研究方法

### 1. 时间序列协整与回归分析法

在分析现代农业发展水平与农业信贷相关性时使用时间协整回归分析，重点分析农业信贷与现代农业发展总体及各项具体指标间的定量关系。在进行金融机构农业信贷供给时主要依据供给函数，使用多元回归分析法，分析在多种影响因素中哪些因素对信贷供给影响显著。

**2. 赫克曼两阶段分析法**

在分析新型农业经营主体信贷需求的影响因素时使用赫克曼（Heck-man）两阶段分析法，以解决调研样本存在的偏差问题。第一阶段是 Probit 选择模型，考察种养大户（家庭农场）是否得到贷款的影响因素；第二阶段是线性回归模型，进一步考察种养大户（家庭农场）得到贷款数额的影响因素。

**3. 统计分析法**

在描述农业信贷供求现状时使用统计分析方法，在非正规借贷支持农业产业发展规模测算中也使用此方法对多种大样本调研数据进行对比分析。

### 1.4.2　数据说明

关于农业信贷需求方面的数据主要来源于江苏姜堰、湖北监利、广西田东、宁夏贺兰、黑龙江富锦等 5 个县的新型农业经营主体信贷需求实地调研资料。

关于农业信贷供给方面的数据主要来源于《中国统计年鉴》《中国金融年鉴》《中国农村金融服务报告》等金融机构提供的农业信贷资料。

其他数据来源主要包括公开发行的年鉴、统计报告以及网络资源和数据库等。

### 1.4.3　技术路线

本书着重厘清现代农业视角下农业信贷供求问题。具体从历程分析、实证分析两方面论述农业信贷对现代农业发展的促进作用，新型农业经营主体信贷需求现状、问题及影响因素，金融机构农业信贷供给现状、问题及影响因素，创新农业信贷模式，以及非正规借贷对农业产业支持的资金规模分析等。具体技术路线见图 1－1。

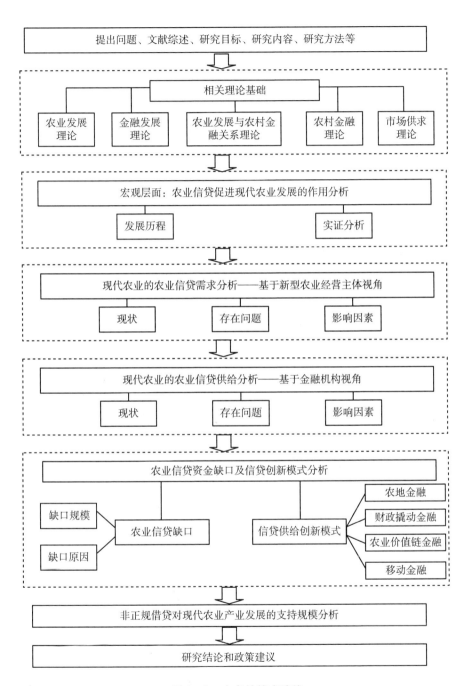

图 1-1　本书的技术路线

## 1.5 创新点

### 1. 研究视角方面的创新

在现代农业发展中，以规模化生产为主要特征的新型农业经营主体不断涌现（主要包括种养大户、家庭农场、农民专业合作社和农业企业等）。规模化生产伴随着规模化的资金投入，对信贷资金的需求不断攀升。本书以新型农业经营主体为研究视角，分析其农业信贷的需求现状与存在问题，这将有别于现有文献大多将农业信贷需求主体主要集中在一般农户的情况。

### 2. 分析方法使用方面的创新

本书使用赫克曼两阶段分析法来分析新型农业经营主体信贷需求的影响因素，赫克曼两阶段分析法能解决实际调研样本存在的偏差问题，不仅可判别信贷需求意愿的影响因素，还可判别信贷额度多少的影响因素，将信贷需求中"是否得到贷款"与"得到多少贷款"两方面的问题结合起来进行分析。这将有别于大部分文献中影响分析多使用 Logistic、Probit 分析法进行农民信贷意愿等单方面研究的现状。

### 3. 将金融机构作为农业信贷资金供给主体，定量分析金融机构自身特点、国家政策等指标对农业信贷资金供给的影响

本书针对当前的农地金融、财政撬动金融、农业价值链金融、移动金融等几种新型农业信贷融资模式，从形式、实践、适应性及存在问题等几个方面进行系统分析，对农业价值链金融、移动金融这两个新生事物给予高度关注，对民间非正规借贷支持农业产业发展的融资规模进行估算。

# 第2章

# 相关理论基础和逻辑分析框架

## 2.1 农业发展理论

### 2.1.1 舒尔茨改造传统农业理论

舒尔茨在《改造传统农业》中明确提出，传统农业具有三个特点，即不变的技术状况、不变的收入来源与起因、建立在储蓄为零条件下的均衡市场供求，这种生产方式实际上只能维持简单再生产，是落后的小农经济形式，要对其进行改造。

舒尔茨认为，引进先进的农业生产要素是对小农经济进行改造的关键环节，而先进的农业生产要素主要体现为技术。要做好新要素的引进工作，应注意以下环节。一是在宏观管理层面建立一整套制度和技术方面的保障措施，制度保障指的是依靠国家权力对经济活动中有关农业的几大管理环节进行规范与协调，技术保障指的是将新要素运用到农业生产中是需要资金支持的，当前表现为如何调动各方积极性筹集资金投资农业，以保证新技术在生产中得以扩散与发展。二是在微观层面如何为新要素供给者与需求者提供必要的实现条件，一方面要增加新要素的供给数量；另一方面还应使这些新要素有用武之地，在农业生产中得到应用。由于农业是弱质产业，盈利空间很小，国家应采用非营利渠道引进新要素，并鼓励公益部门对新要素进行推广和配置。同时，为了使更多的传统农业生产者乐于接受这些新要素，应增大这些新要素的价值量和产出量，使传统农民有利可图。三是要加大人力资本的投资力度，引进的任何新生产要素只有与人力相结合，才能在生产实践中发挥作用，所以不仅要引入新技术要素，还要引进该技术如何使用的知识，因此用先进的科学文化知识武装农民非常重要。

在我国，改造小农经济、建设现代农业需要进行规模化、集约化农业生产，同时也需要规模化的资金投入，资金要素已成为当前新型农业经营主体的"瓶颈"因素。为了解决资金要素在农业生产中的短缺问题，运用舒尔茨改造传统农业的思想，应在宏观层面建立支持农业发展的资金保障制度；在微观层面制定切实可行的措施以提高资金供给者——金融机构从事农业信贷业务的积极性，增加农业贷款量，满足新型农业经营主体的需求。

### 2.1.2　约翰·梅勒农业发展理论

根据农业技术发展所呈现的不同特点，约翰·梅勒将农业发展划分为传统农业、低资本技术农业和高资本技术农业三个阶段。

传统农业阶段的特点是：由于技术停滞不前，使得农业的发展只能依靠增加土地面积、增加劳动力数量等传统方式，农业生产总量增长必然会带来人均收入水平和土地生产率水平的降低。低资本技术阶段也被称为劳动密集型阶段，在此阶段农业成为整个国民经济发展的关键部门，主要表现在：农业产值占整个经济的很大比例，农产品供给量迅速上升，农业投资报酬率提升，基于人口压力农场扩大规模受阻，人—地比例关系不尽人意。高资本技术阶段是资本密集型阶段，特征是农业部门的资本集约度日渐提高，人地比例下降，劳动力成本不断攀升，农机利用率大幅提高，农业资本需求量也快速增加。

### 2.1.3　农业发展的诱致技术变革理论

在该理论中，技术和制度被认为是最重要的两个要素，其基本理论假设是提高一种要素的价格会诱致这种要素进行技术革新。在没有其他因素干扰的情况下，生产要素的价格能反映该要素的稀缺程度，农民也会被诱致去使用能节约稀缺要素的相应技术；而且，通过深度开发那些稀缺要素，还能在一定程度上改变其稀缺性。虽然各国在资源禀赋方面具有不同特点，但通过适宜的技术选择，均可达到提高劳动生产率的目的。

针对当前的农业生产形势，"贷款难、贷款贵"问题已严重影响了现代农业生产的发展，由此设想将资金要素视为稀缺资源，资金的价格表现为利率，如果采取多种方式深度开发资金资源应该可以缓解一定的稀缺性，从而达到发展生产、提高劳动生产率的目的。

通过上述农业发展理论可以看到，农业发展是遵循一定的客观发展规律的，而这种发展变化是以农业生产因素（如资金、技术、制度等）的发展变化为依据的，我国的情况也不例外。新中国成立后我国农业的发展经历了"大跃进"、家庭联产承包责任制等几个重要的历史时期后，现在进入建设现代农业时期，在每个阶段都会以不同的产出形式体现出来，如粮棉油产量、农机使用量、农田灌溉面积等，通过这些指标的发展变化，可以看出相应农业发展阶段的特点，国家可以针对相应的阶段特点制定切实可行的政策，以促进农业的快速发展。农业信贷的发展也是同样道理，它所体现的产出形式是提供农业贷款量、存贷比等指标。

## 2.2 金融发展理论

### 2.2.1 金融结构理论

金融结构理论是由雷蒙德·W. 戈德史密斯提出的，该理论认为，在经济生活中，社会基础结构由物质财富构成，上层建筑由金融财富构成，二者相互依存，密切联系。金融结构体现了金融部门在国民经济整体的重要程度，一般而言，金融结构越复杂，说明金融发展程度越高，经济发达程度越高。该理论还创造性地提出金融相关率指标，以衡量一国的金融结构和金融发展水平。经过分析测算，得出一国的金融相关率与其经济发展水平呈正相关关系，且金融资产的增长速度远大于规模财富的增长速度。

该理论还就金融发展的因素、金融结构对经济增长的引致效应以及各国金融发展中带有规律性的趋势提出了独到的见解。在大多数国家中，金融机构在金融资产的发行与持有上所占比重随经济发展而显著提高；从金融的内部结构来看，随着金融机构的发展，债权比股权增长更快（许多国家限制金融机构持有股票），而且长期债权的增长快于短期债权；金融机构持有大部分债权，而公司股票主要由个人持有，发达国家股票与债权的比率高于欠发达国家；随着金融的发展，银行资产占金融机构全部资产的比重趋于下降，非银行金融机构的金融资产占有比重相应提高；在金融发达国家，融资成本（主要是利息和其他费用）明显低于不发达国家的水平。

### 2.2.2  金融抑制与金融深化理论

爱德华·肖的《经济发展中的金融深化》和罗纳德·麦金农的《经济发展中的货币与资本》两本书，提出了主要以发展中国家或地区为研究对象的金融发展理论。罗纳德·麦金农认为，发展中国家对利率和汇率的限制是利率和汇率出现扭曲的真正原因，金融抑制表现为：利率管制导致了信贷配额，降低了信贷资金的配置效率；货币持有者由于收益低继而转向实物投资，使得银行的储蓄资金下降，对国外资本的依赖进一步加强。

爱德华·肖的金融深化理论认为，经济发展与金融体制之间存在相互依存的关系，良好的金融管理体制可以更多地吸收储蓄存款并运用到生产投资上，而健康的经济发展形势同样可以通过深入提高对金融服务的需求来促进金融业的发展。金融深化表现在三个层面，即扩大金融规模、优化金融机构及金融工具、健全金融市场秩序。

### 2.2.3  金融约束理论

金融约束理论的核心内容：政府在民间部门通过一系列金融政策创造

租金机会，从而达到既能防止金融压抑又能规避金融风险的双重目的。金融政策主要包括：利率控制、市场准入限制，管制直接竞争等，调动金融企业、生产企业和居民等各个主体在生产、投资和储蓄环节的积极性。金融约束的前提条件包括：宏观经济环境稳定、低通货膨胀率、正利率、银行和企业成为真正的市场主体。事实上，金融约束是发展中国家从金融抑制状态发展到金融自由化的一个过渡性政策，它的适应条件是针对发展中国家中的信息不畅、金融监管不力、市场失灵等，是金融深化理论的丰富与发展。

在我国农业信贷发展中，也体现出发展中国家的信贷政策特点，即在一定程度上体现出金融抑制与金融约束，如对贷款利率的控制、对市场准入的限制、对金融市场竞争的管制等，使得信贷资金的配置效率低，很多新型农业经营主体由于这些刚性管制而被金融机构拒之门外，没能充分发挥金融企业、生产企业和居民等各个主体在生产、投资和储蓄环节的积极性，导致农业信贷资金供给不足。随着经济的发展，金融机构在金融资产的占有方面会不断提高，债权，尤其是长期债权的持有将大于股权，所以大力发展金融机构的信贷业务是符合经济发展的客观规律的。为此，要下力气消除金融抑制所带来的负面影响，探索发展信贷业务的新途径。

##  2.3 农业发展与农村金融关系理论

### 2.3.1 马克思主义政治经济学

马克思认为，商品生产是以商品流通为前提的，而商品流通又是以商品的形式体现为货币，进而体现为以货币流通为前提；在从事商品生产的社会，无论是从全社会角度，还是从企业个体角度，都是要求货币资本或货币形式的资本作为每一个新开办企业的第一推动力和持续推动力；特别是流动资本，要求货币作为动力在短时期内不断重复出现，资本的一切由商品构成的部分——劳动力和生产资料等，都必须不断地用货币购买。从上述论断可以看到货币资本在商品生产运营中的基础作用，它是开展商品生产的前提条件与表现形式。从事高层次的农业商品化生产，货币资本同样发挥着基础性、前提性作用。在资本积累理论中，马克思提出了资本有机构成理论，即随着资本的不断积累，资本不仅在数量上不断增大，而且在构成上也会发生变化。资本有机构成是从物质和价值量两个层面体现的，在物质层面，资本由生产资料和劳动力构成，生产技术水平决定着二者的比例关系，劳动力和生产资料之间的比例关系成为资本的技术构成；在价值层面，劳动力的价值体现为可变资本，生产资料的价值体现为不变资本，可变成本和不变资本共同构成资本，资本的价值构成即为二者的比例关系。马克思认为，资本技术构成与资本价值构成有密不可分的联系，资本技术构成是资本价值构成的基础，资本技术构成变化通常会引起资本价值构成发生变化，而资本价值构成变化也同样会反映出资本技术构成的变化。

在农业生产中，资本有机构成在物质层面上体现为先进的农业生产技术、高素质的劳动力和现代化的农业机械等，是先进生产力的表现；在价值层面上体现为高素质劳动力和先进生产资料与生产工具的价值量，是资金密集型的表现。发展现代农业是先进生产力与资金高投入相结合的产物，二者是相辅相成、相互依存的。

## 2.3.2 生产要素理论

以亚当·斯密（1972）为代表的古典经济增长理论认为，资本在经济增长中的作用是基础性的、是可替代的。他认为增加产出物价值量的方法在于增加劳动者数量和提高劳动者生产力，而无论采取哪种方法，均要以资本的形式体现出来。从亚当·斯密提出的"生产要素三元论"（即劳动、资本和土地）到马歇尔的"生产要素四元论"（即劳动、资本、土地、组织），再到20世纪80年代我国著名学者徐寿波提出的"生产要素六元论"（即人力、财力、物力、运力、自然力和时力），均把资本作为主要的生产要素之一。随着生产力的发展和社会分工的不断深入，资本逐渐细化为商业资本、借贷资本、银行资本等。借贷资本和银行资本的出现表明了金融资本已成为农业发展的重要力量。

当前农业发展是建设现代农业，需要的生产要素较传统农业水平更高、规模更大，它需要具有更高文化素质和经营管理理念的劳动力，需要科技含量更高的农业机械和农业生产资料，需要适合规模化、集约化生产的土地规模，需要更为先进、发达的信息网络，需要更大规模量的资金投入。资金要素将成为发展现代农业的核心要素，因为培训与使用高素质劳动力、研制和购置先进的农业机械和农业生产资料、进行土地规模化整合、建设信息网络平台等需要大量的资金投入，没有足够量的资金作依托上述工作是无法完成的。而农业是弱质产业，农村整体的经济实力弱，农民收入水平低，发展现代农业所需资金单靠农业企业、农业合作社、农户的自我积累是不可能实现的，在国家财政资金支持有限的情况下，必须依靠金融信贷资金的力量来弥补现代农业发展中的资金缺口。

### 2.3.3　哈罗德—多马模型

哈罗德—多马模型也进一步论证了资本、投资对经济增长的促进作用。哈罗德认为，一个社会的总资本存量与该社会的产品总产量或国民收入之间存在着一定比例关系，这个比例被称为资本—产量比。根据凯恩斯经济学理论，只有当社会的投资与储蓄相等时（即 $I = S$），经济活动才能达到均衡。根据这一平衡关系，哈罗德提出经济增长也只有达到 $I = S$ 这一平衡条件时，经济才能实现均衡增长，即 $\Delta Y/Y = s/v$。其中，$v$ 表示资本—产量比，$Y$ 表示国民收入，$s$ 表示资本积累率（储蓄率或投资率）。从该方程式可以看出，经济增长率（$\Delta Y/Y$）与投资率 $s$ 成正比，经济增长必然会带动投资的增加。同理，农业产业经济的发展必然要求对农业产业投资的增加。

### 2.3.4　协同理论

协同理论是指通过大系统内各小系统之间相互关系来说明大系统自身

发展变化的原则、方法和观点，大系统的有效性是各小系统相互协同作用的结果。协同即协同作用，具体来说，就是系统各个组成部分或系统之间协调一致、共同作用而产生新的结构和功能，以达到良性循环态势，具有目标性、联系性、网络型和动态性的特点。协同理论也被运用到社会经济领域成为经济系统，竞争与协同是经济系统存在和发展的矛盾统一体，一方面竞争与协同相互共存，另一方面二者又相互联系、相互依赖，使整个系统充满活力。

利用该理论，可以将当前整个农村经济发展看成一个大系统，其中农业发展、农村金融可以看成大系统中的两个子系统，农业发展与农村金融发展的目标是一致的，都是为了农村经济的整体发展服务，二者是相互联系、相互依存的，农业发展所需的大量生产经营资金需要农村金融予以支持，而农村金融提供的资金投向是农业领域，农业的发展为农村金融提供了广大的资金市场和投资空间。社会经济的发展呈阶段上升趋势，在不同阶段呈现不同特点，农业和农村金融也不例外，当前农业领域存在贷款难、利息高、额度小、期限短等问题，而农村金融领域则存在农业信贷交易成本高、不良贷款率高等问题，这些矛盾问题在二者之间不断进行磨合，寻求解决的办法，最后矛盾解决，下个阶段又会出现新的矛盾，再寻求新的解决办法，循环往复，螺旋上升。

## 2.4 农村金融理论

农村金融理论主要分为三大流派，即农业信贷补贴论、农村金融市场论、不完全市场竞争论。农业信贷补贴论出现在 1980 年以前，该理论认为应为农业注入政策性资金，消除高利率的农村非正规金融，并通过非营利性的商业银行进行调配，在利率的制定方面应较其他产业低，以缩小产业之间的收入差。这种理论存在一定的缺陷，如农业信贷对财政的压力较大、低利率使得贷款很难惠及小农户、不易形成可持续发展的金融机制。1980 年以后，农村金融市场论逐渐发展起来，对农业信贷补贴论来说可以说是颠覆性的。该理论认为不应该为农村信贷注入政策性资金，低利率政策会降低储蓄人的积极性，非正规金融有一定的合理性，农村信贷应服从市场机制的引导。但这种理论也带来一定的问题，如利率市场化政策会使贫困农户得到贷款的机会更少，为此仍需要政府的力量解决贫困农户贷款问题。1990 年以后出现了不完全市场竞争理论，该理论认为应从建立健全体制结构入手以克服市场缺陷带来的问题，不能单纯依靠利率市场化来调节，主张利率应保持在合理的指数范围内，以保证宏观经济的稳定；提倡政策性金融；通过解决借贷双方信息不对称问题以提高贷款回收率；制定优惠政策以促进金融机构发展；对农村非正规金融的发展采取引导与监督的政策；等等。

通过农业金融理论三大流派的简要分析可以看到，农业信贷补贴论过多地强调了农业信贷的政策性特征而在一定程度上忽视了效率问题；农业金融市场论则是依靠市场的力量来规范相关问题，但不符合农村拥有数量众多的低收入小农户的实际情况；而不完全市场竞争理论则结合了农业信贷理论与农业金融市场论的各自优点，克服了双方在信贷管理方面的不足，使得农业信贷政策既能适应农村的实际情况，又能一定程度地提高农业信贷业务的效率，具有较大的发展空间。根据不完全市场竞争理论，完善金融体制结构首先应对农村金融结构进行改革与加强，包括对信贷相关人员进行培训，建立完善的会计、审计和监督管理信息系统等。

不完全市场竞争理论所倡及的一些理念在当前的农村信贷管理中已经得以应用，如对农村中小金融机构（如农村信用社、村镇银行、小额贷款公司以及农村资金互助社）的建设扶持，加大政策性金融在农村低收入人群的覆盖面（如小额信贷），对金融机构的税收优惠政策等。

## 2.5 市场供求理论

需求是指在一特定时期，消费者愿意且能够购买到商品的数量。描述商品价格和数量之间关系的理论称为需求定理，即在其他条件不变时，商品的自身价格与其需求量成反比。影响需求的主要因素包括以下几方面。
（1）商品自身价格。假定其他条件不变，商品价格上升，需求量下降。
（2）相关商品价格。具有替代关系的两种商品，一种商品价格上升，其替
代商品的需求量就会上升；具有互补关系的两种商品，一种商品价格上
升，另一种商品的需求量会下降。（3）对商品的未来价格预期。如果未来预
期其价格升高，就会增加现在的需求量。（4）家庭收入。收入高，需求量增
加。（5）消费者偏好。消费者对商品的喜好程度增加时就会增加对其的需
求量。（6）人口数量和结构。一般人口数量增加使得需求量增加。（7）政
府相关政策。政府的相关政策会影响人们对商品的需求量。还有一些其他
因素，如地方的风土人情、地理气候、开放程度等。

供给是指在特定时期，商品生产者在某一价格水平上愿意且能够提供
商品的数量。描述商品价格和供给之间关系的理论称为供给定理，即在其
他条件不变时，商品的自身价格与其供给量成正比。影响供给的主要因素
包括以下几方面。（1）商品自身价格。价格越高，供给量越多。（2）自身
的技术与管理水平。水平越高，供给量越大。（3）成本利润水平。生产成
本越小，利润越高，供给量越大。（4）国家的财税补贴政策。国家越支
持，给予的补贴优惠越多，提供的供给量越大。（5）对商品未来价格预
期。预期价格越高，提供的供给量越大。（6）相关商品价格。替代关系的
商品，一种价格上升，另一种商品的供给量就会减少；互补关系的商品，
一种价格上升，另一种商品的供给量就会上升。另外，战争、自然灾害等
也会减少商品的供给量。

一般均衡理论是指在整体经济范围内关于生产、消费和价格的理论。
处于均衡状态时，每个消费者均能在给定的价格水平上决定购买量，每个
生产企业也能判断自己的投入产出量，取得最大利润。当每个市场上的总
需求与总供给条件成熟时，就成为一般均衡。

对于整个农村金融市场而言，农业信贷也是其中的一款产品，在商业
银行可被称为商品。既然农业信贷是一种商品，必然产生供给与需求，也
必然存在自身价格，并通过利率的形式表现出来。农业信贷的需求影响因
素表现为：利率、家庭收入、家庭劳动力、劳动力数量、政府相关政策及

补贴等。农业信贷的供给影响因素表现为：利率、自身特点、成本利润情况、投入产出比以及国家的财税补贴等。

## 2.6　逻辑分析框架

建设现代农业是社会经济发展到一定阶段的必然选择，所需生产经营资金规模也相应不断增大，这也给农村金融的发展提出了更新的要求，只有随着现代农业的建设进程不断推进与完善，才能为农村经济的发展提供行之有效的金融支持。与现代农业相伴而生的是新型农业经营主体，如农业企业、农业合作社、家庭农场等，伴随着现代农业的发展而不断壮大，这些新型主体由于劳动力特点、生产规模、区域优势、自然环境等因素不同会出现对农村金融的不同需求，具体表现在信贷资金需求、农业保险需求、农村资本（土地）市场等方面，这些需求会使农村金融部门不断调整政策、创新金融产品、丰富服务手段、扩大业务范围等。同时农村金融信贷的发展也对农业产生推动作用，农村金融信贷发展较好的地区，拥有较大的农业信贷资金规模、完善的服务手段、足够数量的营业网点和从业人员，有力支持了农业生产的发展；相反，农村金融信贷发展较差的地区则呈现为较小的农业信贷资金规模和落后的服务手段，从业人员素质低，营业网点少，对农业生产没有起到支持保障作用，农户储蓄存款"外流"现象严重。

基于以往专家学者的研究成果和理论基础，本书认为，随着农业生产规模的不断扩大，新型农业经营主体已成为农业生产的重要支撑力量，与之伴随的农业生产资金投入问题也日趋严峻，贷款难、贷款贵的问题已经成为困扰现代农业发展的"瓶颈"因素。因此，本书以现代农业发展所需信贷资金问题作为切入点，分析农业信贷资金的供求现状及影响因素，进一步探讨创新信贷模式的形式与适应条件，充分利用非正规借贷的资金来源，以期为现代农业的发展提供更多更优的农业信贷资金。具体研究思路如下。

（1）提出问题。根据现代农业的规模化生产、资金密集、技术密集等特点，资金投入成为发展现代农业非常重要的因素。在实际生产中新型农业经营主体遇到的突出问题就是资金问题，在其自有资金不能满足需求时，农业信贷资金则成为生产资金的主要来源，但当前的农业信贷资金远不能满足生产者的实际需要。如何解决信贷资金不足的问题已客观地摆在人们面前。

（2）分析问题。要解决农业信贷资金短缺问题，应先从宏观层面理解农业信贷对现代农业发展的促进作用。这一问题将分为两个方面进行论述：一是从现代农业发展与农业信贷的历史沿革角度进行分析；二是通过实证分析，采用格兰杰分析法、回归分析法判断农业信贷对现代农业发展的促进作用。然后是在微观层面进行供求分析，对于农业信贷需求问题，通过实地调研数据分析现代农业发展中涌现的新型农业经营主体的信贷需求现状及存在问题，并运用 Heckman 两阶段分析法进行信贷需求影响因素分析；对于农业信贷供给问题，通过中国农业发展银行、中国农业银行、农村信用合作社等涉农金融机构的农业贷款供给量来分析农业信贷供给现状及存在问题，并运用多元回归分析法进行供给影响因素分析。

（3）解决问题。由于存在巨大的信贷供需缺口，应加速创新信贷模式。目前新型的农业信贷模式主要包括农地金融模式、财政撬动金融模式、价值链金融模式、移动金融模式等，每种模式均有自己的表现形式及适用条件，在使用时不能千篇一律。因此，本研究对上述几种信贷创新模式进行了案例评述及适用条件分析。在金融机构农业信贷供给量仍然不能满足生产需求的情况下，民间的非正规信贷资金对农业生产的发展起到了非常重要的作用，本书分析了非正规借贷资金对农业产业发展的支持规模，并对存在问题进行了阐述。

## （2.7）相关概念界定

新型农业经营主体，是相对传统农户而言的，是指拥有一定的生产经营规模，具有较好的农业生产条件和经营管理能力，劳动生产率、土地生产率均较高，以商品化生产为主要目标的农业生产经营组织。主要包括专业大户、家庭农场、农民专业合作社以及农业企业等。新型农业经营主体是伴随着现代农业的不断推进应运而生的，带有规模化、产业化、商品化等特征。

专业大户，也称种养大户，是指从事某一种农产品生产、具有一定生产规模和专业种养水平的农户，主要包括种植大户和养殖大户。种植大户是指从事种植业生产、具有一定生产规模和专业种植水平的农户。养殖大户是指从事养殖业生产、具有一定生产规模和专业养殖水平的农户。种粮大户是指从事粮食种植生产、具有一定生产规模和专业种植水平的农户。关于种粮大户的划分标准，农业农村部根据南北农业资源的差异，将种粮大户的标准确定为：北方经营耕地面积 100 亩以上、南方 50 亩以上。对于种植其他作物和养殖大户的生产规模，目前尚无统一划分标准，各地根据自己的生产实际，相应制定了本地的标准。例如，浙江省苍南县制定的种养大户的标准：露地蔬菜在 50 亩以上，设施蔬菜在 10 亩以上，水果在 50 亩以上，生猪在 100 头以上，牛在 20 头以上，羊在 100 头以上，兔在 500 头以上，蛋禽在 1000 羽以上，肉禽在 5000 羽以上。

家庭农场是指从事农业的规模化、集约化、商品化生产经营，以家庭成员为主要劳动力（无常年雇工或常年雇工数量不超过家庭务农人员数量），以家庭农场收入为家庭主要收入来源（占 80% 以上），具有本地农村户籍的经营主体。2013 年，农业部进一步明确了家庭农场的概念：一是农业户籍；二是适度规模；三是以家庭成员为主；四是主要收入来自农业。关于适度规模，从事粮食作物的，土地经营面积达到 50 亩（一年两熟制地区）或 100 亩（一年一熟制地区）以上且租期或承包期在 5 年以上的；从事经济作物、养殖业或种养结合的，应达到当地县级以上农业部门确定的规模标准。但关于家庭农场除粮食以外的生产规模标准，国家同样没有统一的要求，各地根据自己的生产实际相应制定本地的标准。

农民专业合作社是指以农村家庭承包经营为基础，通过提供农产品的销售、加工、运输、贮藏以及与农业生产经营有关的技术、信息等服务来实现成员互助目的的组织，从成立开始就具有经济互助性，拥有一定组织架构，成员享有一定权利，同时负有一定责任。农民专业合作社具有合作社最基本的特征，即自愿、自治和民治。此外还包括其他特征：一是农民是合作社的经济主体，农民占全体成员的比例应在80%以上；二是以家庭联产承包责任制为基础；三是合作社社员是其服务对象，提供农业生产资料的购买，农产品的销售、加工、运输、贮藏以及与农业生产经营有关的技术、信息等服务；四是经营目的不是为了盈利，而是将利润分给社员；五是实行入社自愿，退社自由，民主选举，民主决策等原则。

农业企业是指从事农、林、牧、副、渔业等生产经营活动，具有较高的商品率，实行自主经营、独立经济核算，具有法人资格的营利性经济组织。传统意义的农业企业指的是以土地为基本生产资料，以动植物和微生物为劳动对象，通过种植和养殖行为以提供人类所必需的消费品的生产经营企业。现代意义的农业企业是指在传统农业企业经营范围的基础上，以农业产业链条为依托，为传统农业生产提供产前、产中、产后服务的各种生产经营企业，如农业机械、饲料、肥料、肉类包装、各种食品的生产和销售，天然纤维为原料的纺织品的生产和销售、农产品贮运、物流等。

# 第 3 章

# 农业信贷促进现代农业
# 发展的作用分析

现代农业是区别于传统农业的高层次农业生产阶段，是指拥有现代发展理念的劳动力资源广泛应用现代科学技术与管理方式、现代生产资料与设施装备，实行规模化和集约化生产，可使农业劳动生产率显著提高的农业生产方式。金融是伴随着社会经济的发展孕育而生的，是涉及货币供给、银行与非银行信用、投资、保险，以及类似形式进行运作的所有交易行为的集合。信贷是金融业务中非常重要的一部分，尤其在农村地区，由于农村地区的资本市场还不完善，期货、投资、保险等还不发达，农业信贷资金在弥补农业生产资金不足方面起着非常重要的作用。现代农业发展需要信贷资金服务，而农业信贷资金也需要有现代农业发展的广阔平台，二者相互支持、相互促进。

## 3.1 历程分析

新中国成立以来，不论是农业发展方面还是信贷支持农业方面，都发生了深刻的变化，不断从低级走向高级、从不完善走向完善，但其中也会不断出现新的问题，这就需要我们对二者的发展历程进行研析，从中总结经验教训，以资借鉴。

### 3.1.1　现代农业发展历程

20 世纪 60 年代起，一些发展经济学家以社会发展为视角对农业发展阶段进行了划分。梅勒（1966）以发展中国家农业技术资本投入为出发点，将农业发展划分为传统农业阶段、低资本技术农业阶段、高资本技术农业阶段。中国学者也按照不同的标准划分了不同的发展阶段。农业部软科学委员会课题组（2001）以农产品供求关系作为划分标准，将农业分为全面短缺阶段、供求基本平衡阶段、供给多元化阶段。陆文强（2001）以农业的地位和功能为标准，将农业划分为工业化提供原始积累阶段、为社会提供丰富农产品阶段、保证改革开放阶段。马晓河等（2005）以工业化进程为研究出发点，将工农业关系作为标准将农业划分为以农补工、工业反哺农业、大规模反哺期三个阶段。何君等（2010）比较分析了农业投入期、资源的流出期、经济整合期、对农业反哺期中国农业发展的阶段进程及政策选择。

根据国内外诸多专家学者的分析结果，农业发展确实存在阶段性，在不同阶段呈现不同的特点。2016 年 10 月，国务院发布实施《全国现代农业规划（2016—2020 年)》，该规划将粮食供给保障、农业结构、质量效益、技术装备、规模经营等代表现代农业发展水平的指标进行了量化规定，使这个规划目标明确，切实可行。本书将依照上述目标对农业进行如下阶段划分。

**1. 经济复苏阶段（1949～1977 年）**

这一阶段的基本特征是：进行农村土地制度和农业合作化、人民公社化等制度变革，农业生产波动发展。

在这个时期，彻底废除了封建土地剥削制度，解放了农村生产力，为国家的工业化和农业集体化开辟了道路。农业合作化作为这一时期农业生产的主要特征，在经历了农业互助组、初级农业生产合作社、高级农业生产合作社三个阶段后已基本完成，有力地促进了农业的发展，改善了农民的生活，保持了社会稳定，为国家的经济建设提供了基础，粮食产量从1949 年的 11318.4 万吨增长至 1958 年的 19766.3 万吨，年均增长 6.39%；农林牧渔业总产值从 1949 年的 326 亿元增长到 1958 年的 566 亿元，年均增长 6.32%。

随后又掀起了人民公社化的高潮，通过人为强制性的方式，超前完成了农业经营组织方式的变革，即农业生产由小规模分散经营到大规模统一经营的转变，使得社会经济大幅降低。再加上 1959 ~ 1962 年的三年困难时期，我国的粮食产量从 1958 年的 19766.3 万吨锐减至 1961 年的 13650.9 万吨，三年减产 6115.4 万吨，年均递减 11.61%。1962 年起粮食生产又慢慢提升，直到 1966 年才刚刚超过 1958 年的水平，达到了 21400.9 万吨。

1967 ~ 1977 年间，虽然国家在降低农业税、增加农业贷款等方面增加对农业的扶持力度，但是"左"倾思想以及资本原始积累政策的人为影响，使得农业发展增长缓慢且波动较大。1978 年全国农民从集体分配到的年收入人均仅 88.53 元，不足 50 元的生产队占 30%（吴玲，2005）。在人民公社化运动的 20 年中，全国仍有 1 亿多农民未解决温饱问题，农业劳动生产率也大幅下降，单位劳动者农业净产值从 1957 年的 806.8 元下降到1978 年的 508.2 元。粮食产量平均增长率仅为 1.9%，人均粮食占有水平与 1957 年持平，农民人均收入仅增加了 64.22 元。这一时期，农业生产条件得到一定的发展，全国各类水利设施资产总值达到 1000 多亿元，供水能力达到 4000 亿平方米，修建了大量防洪防涝设施工程，建成灌溉农田4700 万公顷、农村小水电 60000 多座（蒋和平等，2013），有许多设施现在还在沿用。

### 2. 高速起步阶段（1978 ~ 1984 年）

这一阶段的基本特征是：实行家庭联产承包责任制，开展多种经营，生产力水平大幅提高。

1978 年 12 月党的十一届三中全会召开。1978 ~ 1984 年，农村家庭联产承包责任制在全国范围内展开。通过改革，农民的生产积极性被充分调动起来，农民收入和农业产出迅速提高。1978 ~ 1984 年的 6 年间，农牧渔业总产值从 1397 亿元增长到 3214.1 亿元。其中，农业总产值从 1117.6 亿元增长到 2380.2 亿元，年均递增 13.43%；牧业总产值从 209.3 亿元增长到 587.3 亿元，年均递增 18.77%。粮食生产从 30476.5 万吨增长到 40730.5 万吨，年均递增 4.95%。棉花生产从 216.7 万吨上升到 625.8 万吨，年均递增 19.33%。油料生产从 521.8 万吨增加到 1191 万吨，年均递增 14.74%。通过农业产业结构调整，农民收入迅速提高，农村居民家庭平均每人纯收入从 133.6 元增长到 355.3 元，年均递增 17.71%。

在农业机械化方面也取得了较大发展，农业机械总动力从 1978 年的 11749.9 万千瓦增长到 1984 年的 19497.2 万千瓦，年均递增 8.81%；大型联合收割机的数量从 1.9 万台增长到 3.59 万台，年均递增 11.18%；小型拖拉机数量增幅最大，从 137.3 万台增长到 329.8 万台，年均递增 15.73%，这与家庭联产承包责任制下以农户为基本生产单位的特点相匹配，但以 1984 年 18792.6 万户计算，每百户农户拥有小型拖拉机 1.75 台，绝大部分农户还是以人力、畜力为主，农业机械化程度较低，严重影响劳动力和土地的生产效率。

### 3. 波动上升阶段 (1985～1998 年)

这一阶段的基本特征是：深化农产品流通体制改革，调整农业产业结构，实行产业化经营。

1985 年 1 月中共中央发布《关于进一步活跃农村经济的十项政策》，对农产品统购统销制度进行改革，针对不同情况分别实行合同定购和市场收购两种购销制度。随着农副产品价格的放开，其产量大幅增加，从原来的"卖粮难"发展为低质量农副产品的"卖难"。因此，1992 年国务院发布《关于发展高产优质高效农业的决定》，从优化农业产业结构、农产品加工、科技进步等几方面入手，引导农业向纵深发展，生产优质高效农产品。随着小农生产劣势的进一步凸显，农业产业化这种新型的经营方式应运而生，它将农业生产、加工、销售等几个环节有机结合，成为农业发展的必然。1997 年党的十五大工作报告明确提出了"积极发展农业产业化经营"的工作方针，1998 年发布的《中共中央关于农业和农村工作若干重大问题的决定》也明确阐述了产业化经营的科学论断。

在这一阶段，种植业生产的发展速度减慢，呈波动增长态势，畜牧业得到进一步发展。粮食产量增长到 1998 年的 51229.5 万吨，年均递增 1.65％；油料产量增长稍快些，从 1191 万吨增长到 2313.9 万吨，年均递增 4.86％。农业产业结构也发生相应变化，农业产值的比重从上一阶段的 74％下降到 1998 年的 58％，畜牧业从上一阶段的 18％上升到 1998 年的 28％。

通过农业产业结构调整，相当多的农民从土地上解放出来从事多种经营，农村居民家庭收入大幅提高，农村居民家庭平均每人纯收入增长到 2162 元，年均递增 13.77％。

农业机械总动力增长到 45207.7 万千瓦，年均递增 6.19％；大型联合收割机的数量增幅快于上一阶段，增长到 18.26 万台，年均递增 12.33％；小型拖拉机数量增幅减缓，增长到 1122.05 万台，年均递增 9.14％。大型农机具的增幅加快与小型农机具的增幅减缓充分体现了规模化种植程度的迅速提高，这是农业产业化发展的必然结果，是农业发展的必然趋势。但从百户农户拥有农业机械来看，以 1998 年 23677.98 万户计算，每百户农户拥有小型拖拉机 4.74 台，虽然比上一阶段有大幅度提高，但绝大部分农户仍是以人力、畜力为主，农业机械化程度很低。从农田的旱涝保障和农田水利设施情况看，情况不如前者乐观，有效灌溉农田增长速度缓慢，年递增率不足 1％，水库的蓄水量年增长率也只有 1.05％，这与粮食总产、粮食单产的增长速度形成较大差距，意味着种植业的发展在很大程度上还是靠天吃饭、靠农民的种粮积极性在农田里精耕细作增加活劳动，农业生产条件未有大的改善，农业生产后劲不足，这将成为影响农业发展的制约因素。

**4. 整顿调整阶段（1999～2003 年）**

这一阶段的主要特征是：优化种植业生产结构，继续调整农业产业结构，提供优质农产品。

伴随着粮食总量的逐年增加，我国已从粮食供给短缺转变为基本平衡，下一步农业生产的目标不仅是粮食总量的供给，而且是优质农产品的供给，是质和量的全面提升。1998 年中央提出进行农业结构调整，优化种植结构，大力发展畜牧业和农产品加工业。从 1999 年到 2003 年，粮食播种面积从 1998 年的 113787.4 千公顷连续 4 年下滑到 2003 年的 99410.4 千公顷，下降了 13750.6 千公顷，年均递减 2.67%；粮食产量也连续 4 年下滑，从 51229.5 降到 43069.5 万吨，年均递减 3.41%。蔬菜和棉花呈快速增长势头，蔬菜播种面积从 12292.8 千公顷增加到 17953.7 千公顷，年均递增 7.87%；棉花播种面积增加到 5110.5 千公顷，年均递增 3.47%。农业产值在农林牧渔总产值中的比重已降为 2003 年的 50%，牧业产值提升到 32%。农村居民家庭平均每人纯收入从 2162 元增长到 2622.2 元，年均递增 3.94%，增速明显减慢。

农业机械总动力增长到 2003 年的 60386.5 万千瓦，年均递增 5.96%；随着规模化生产水平的提高，大型农机具越来越显现其优势，小型农机具的优势已慢慢减弱，如联合收割机数量仍然快速增长，增加到 36.5 万台，年均递增 14.86%；农用大中型拖拉机数量增长到 98.06 万台，年均递增 6.22%；小型拖拉机数量增长到 1377.71 万台，年增速为 4.19%。农田水利的保障程度增长较为缓慢，如灌区有效灌溉面积年均增长只有 2.11%。

### 5. 全面提升阶段（2004 年至今）

这一阶段的基本特征是：加大对农业的投入支持力度，城乡统筹发展，提高农业可持续发展能力。

改革开放以来，我国在各方面均取得了举世瞩目的成就，但同时也应看到农民收入水平较低、农业的生产条件落后等严重阻碍了社会经济的稳定发展。为此，党的十六大明确提出发展农业，"三农"问题是全党全国工作的重中之重。2004～2020 年，连续发布中央一号文件，针对农业发展的粮食安全、农民收入、农业基础设施建设、科技创新、产业结构调整、城乡统筹、农业供给侧改革、乡村振兴、脱贫攻坚等问题进行了明确的政策安排，充分表明了国家对"三农"发展予以支持的信心与决心。

通过十几年的发展，逆转了前期粮食种植面积下滑、总产量减产的局面，2019 年粮食总产量达到 66384.34 万吨，粮食种植面积达到 1165930.66 千公顷。农民收入大幅增长，2019 年底农村居民人均可支配收入达到 16021 元。

随着规模化生产的程度进一步提高，农业生产条件也得到显著改善，2018 年农业机械总动力达到 100371.74 万千瓦，其中以大型农机具增长最为显著，如联合收割机的数量已增长到 205.92 万台。但农田灌溉条件仍然不容乐观，2018 年耕地灌溉面积只有 69459 千公顷，远远满足不了大面积农作物播种面积的需要。2019 年耕种收综合机械化水平已超过 70%，农业科技成果的推广应用也得到较快发展，农业科技成果贡献率已达到 59.2%，这些为农业的全面提升提供了很好的支撑条件。

### 3.1.2 农业信贷发展历程

农业的发展离不开资金投入，而资金投入又离不开农业信贷。信贷资金是农业生产的一个重要的生产要素，新中国成立后的发展历程中，伴随着农业发展的阶段性特点，同样呈现明显的阶段目标、特征和表现形式。

关于我国农业信贷历程演进，研究者一般按照信贷政策的时间阶段或农村金融机构的变迁来阐述。匡家在（2007）以 1996 年为划分基点将 1978 年以来农村金融体制改革的政策分为两大阶段，第一阶段为 1996 年以前，主要表现为农业银行的商业化运作、农村信用合作社（以下简称"农村信用社"）的规范管理；第二阶段为 1996 年以后，主要表现为重点改革农村信用社，建立政策性金融、商业性金融、合作性金融三位一体的农村金融体系。周才云（2009）将政策性金融、商业性金融、合作性金融等在不同阶段的政策予以阐述。黄光伟（2008）以改革开放为划分基点将农村金融发展划分为两个阶段：1949～1977 年为第一阶段，主要表现为以农村信用社为主体的农业信贷兴起（1949～1957 年）和停滞（1958～1977年）；1978 年以后为第二阶段，主要表现为农业信贷的恢复（1978～1985年）和改革（1985 年以后）。本书将在前人研究的基础上，详细梳理新中国成立后我国金融改革的各项方针政策，结合存贷款规模、存贷比、发展速度等指标，对我国的农业信贷发展历程进行划分与评析。

### 1. 复苏探索阶段（1949～1978年）

这一时期的主要特征是：实行以人民银行为核心的"大一统"信贷管理体制，农村信用社日益成为农业信贷的主要力量。

新中国成立后，土地改革实现了"耕者有其田"，为了进一步扩大再生产，农村民间融资已不能满足农业生产的资金需求。为此，1951年8月我国成立了农业合作银行；同时，为打击农村高利贷行为，积极支持农村信用社发展，允许地方根据自身条件试办不同形式的信用合作组织。但由于多种原因，农业合作银行未能有效发挥作用，在1952年被撤销。而农村信用社迅速发展，到1954年底，全国农村信用社已达到12.6万家，覆盖了70%左右的乡。1955年3月，中国农业银行成立，但由于多方面的原因于1957年4月被撤销，由中国人民银行设立农村金融管理局承办全国的农村金融业务。1958年，根据当时财贸管理体制的要求，各地把银行的基层机构和农村信用社合并，成为人民公社的信用部。由于监管不到位等多种原因使信贷规模失控，1959年5月中国人民银行决定把银行基层机构重新交由银行管理，并且将农村信用社分离出来成为生产大队信用分部，结果出现了很多问题，中国人民银行在1962年9月再次将农村信用社的管理权收归银行。1963年11月，中国农业银行再次成立，但由于种种原因于1965年12月被再次撤并。为了加强对农村信用社的统一管理，1978年5月，农村信用社与银行基层机构合并，按照银行模式运营。在这个阶段，国家对农村金融机构高度控制，非正规金融受到了较为严格的约束。

在此阶段，农业银行几经周折，其业务一直不稳定，而农村信用社则日益成为农村金融的主要力量，其规模快速增长，存款规模从1953年的0.1亿元发展到1978年的165.97亿元，年均递增34.5%；贷款规模从1953年的0.2亿元发展到1978年的45.06亿元，年均递增24.2%。但从农信社存贷比情况看，呈波动下滑态势，高时可达到90%以上，但低时还不足 20%，阶段平均不足 50%，说明农信社的资金未完全用于支持农业的发展，相当部分资金"外流"了，1953～1978 年间，农信社存款总额 1725.47 亿元，贷款总额 482.06 亿元，资金外流 1243.41 亿元，是贷款规模的 2.58 倍。

随着社会生产力的不断进步，高度集中的计划经济管理模式的不适用性也愈发体现出来，突出的一点就是忽视了商品和市场的作用，尤其是无法发挥基层金融服务对基层农业生产支持作用的主动性和积极性，使资金投入因素无法充分与农业生产结合，迫切需要对金融体制进行改革。

**2. 改革起步阶段（1979～1993 年）**

这一阶段的主要特征是：农村金融管制逐渐放松，以农业银行、农村信用社及其他金融机构为参与主体的农村金融体系初步形成，农业信贷规模逐年扩大。

1979 年 3 月 13 日，中国农业银行恢复成立。由于中国农业银行同时具备财政拨款管理、商业信贷业务经营和合作制金融组织管理等多方面的职能，所以权力很大，垄断性极强。经过这一时期的发展，中国农业银行成为国家支农服务的专业银行，在支持农林牧副渔全面发展、农副产品收购、扶贫等方面做了大量的工作，建立了完整的三农金融服务和管理体系，大力布设县乡网点，推行所（营业所）社（信用社）联合，存款总额从 1979 年的 280.07 亿元上升到 1993 年的 5130.18 亿元，增长 17.3 倍；贷款总额从 1979 年的 410.98 亿元上升到 1993 年 6565.02 亿元，增长了 15 倍。农业存款（不包括乡镇企业）从 1979 年的 230.54 亿元上升到 1993 年的 1463.49 亿元，增长 5.35 倍；农业贷款（不包括乡镇企业）从 1979 年的 99.97 亿元上升到 1993 年的 857.62 亿元，增长 7.58 倍。乡镇企业存款从 1979 年的 7.96 亿元上升到 1993 年的 272.3 亿元，增长 33.2 倍；乡镇企业贷款从 1979 年的 29.89 亿元提高到 1993 年的 774.61 亿元，增长 24.9 倍。

农村信用社作为农业银行的基层单位，在国家方针政策指导下，实行独立经营、独立核算、自负盈亏，充分发挥民间借贷的作用。通过改革，农村信用社的综合信贷实力明显增强，1984 年当年的贷款余额就猛增到

354.53 亿元，比上年增长 190.79 亿元，增长 116%；存贷比也从上年的 33.6% 迅速提升到 1984 年的 56.73%，增长了 23 个百分点。到 1993 年底，贷款余额已达到 3261.59 亿元，存贷比达到 76%，给农业农村经济的发展和农民收入的提高提供了强有力的资金支持。

随着党在农村各项政策的贯彻落实，农村经济活跃起来，在农业银行和农村信用社信贷业务发展的同时，民间信贷（当时称为农村借贷）业务也有了相应的发展。1980 年中国农业银行对 15 个省份进行了调研，发现农村借贷业务比较普遍，民间借贷的资金来源主要是农民的个人劳动收入，利息形式多样，主要用于发展生产。1981 年的《国务院批转中国农业银行关于农村借贷问题的报告的通知》对社员与社员、社员与集体之间的借贷予以了肯定。1984 年农村合作基金会在河北康宝县芦家营乡正式成立。1984 年的中央一号文件《中共中央关于一九八四年农村工作的通知》和 1985 年中央一号文件《关于进一步活跃农村经济的十项政策》对农村集体和农民资金的自由流动以及多元化的资金融通形式给予了充分的肯定。1991 年，党的十三届八中全会通过《中共中央关于进一步加强农业和农村工作的决定》，要求各地要继续办好农村合作基金会。上述各项政策使全国的合作基金会得到快速发展，至 1992 年底，全国共建立乡镇一级农村合作基金会 1.74 万个，村一级 11.25 万个，筹集资金 164.9 亿元（温铁军，2005）。

### 3. 机构调整阶段（1994~2004 年）

这一阶段的主要特征是：农业政策性银行和农业商业性银行分离，整顿农村信用社和非正规金融机构，农业信贷步伐减慢。

为发挥信贷资金在国家宏观调控和优化资源配置中的作用，根据 1993 年《国务院关于金融体制改革的决定》中关于政策性金融与商业性金融相分离的精神，专营农业政策性金融业务的中国农业发展银行于 1994 年成立，同时对农村信用社进行商业化改革，组建农村信用县级联社，以加快中国农业银行的商业化改革。1996 年，根据国务院发布的《关于农村金融体制改革的决定》，中国农业银行与农村信用社正式脱钩，农村信用社的管理由农村信用社县级联社和中国人民银行负责，不再专设县以上经营机构。当年全国 5 万多个农村信用社和 2400 多个县联社逐步与中国农业银行脱钩。1997 年召开中央金融工作会议，会议上提出"各国有商业银行收缩县及县以下机构"策略，为此 1998 年至 2002 年初四大国有商业银行共撤并县及县以下机构网点 3.1 万个。为规避金融风险，1998 年发布的《非法金融机构和非法金融业务活动取缔办法》明确指出，除不计息的亲友借款、企业团体间借款以及部分小额信贷外的其他金融组织或活动均属非法。1999 年，根据《国务院办公厅转发整顿农村合作基金会工作小组清理整顿农村合作基金会工作方案的通知》，当年农村合作基金会等被勒令停办，退出历史舞台。

伴随着银行机构的商业化改革、农村金融营业网点的撤并以及农村非正规金融组织的取缔，这一时期涉农贷款（包括农业贷款和乡镇企业贷款）虽然在总量上是不断上升的，但其占各项贷款总额的比例是下降的，从 1993 年末的 14.68% 骤降至 1994 年的 11.42%，减少了 3 个百分点，1994 年后至 2000 年一直在 11% 左右徘徊，2000 年以后下降至 10%。涉农贷款存贷比从 1993 年的 104% 骤降至 1994 年的 79%，2004 年降至 68%。从这些数字来看，国家用于支持农业的资金，远远低于农业对国民经济发展的贡献份额。从涉农资金存贷比来看，历年均低于全国的存贷比平均水平，而且农业内部的资金也未全部用在支持农业上，部分资金"外流"了。

### 4. 全面提升阶段（2005 年至今）

这一阶段的特点是：新型农村金融机构服务"三农"，多元化农村金融体系已经形成，发展现代农业的资金供求矛盾凸显。

为促进农村经济的发展，提高农民收入，2004 年以来，中央连续发布一号文件阐述在增加农民收入、提高农业综合生产力、加快新农村建设、提高农业水平、加强农村各项基础设施建设等诸多方面的具体政策，表明了中央加强"三农"工作的信心和决心。为进一步解决农村金融供给不足等问题，2006 年，中国银监会发布《关于调整放宽农村地区银行业金融

机构准入政策 更好支持社会主义新农村建设的若干意见》对新型农村金融机构的准入资本范围、投资人资格和比例等条件进行了规定。2008年，中国人民银行、银监会发布《关于村镇银行、贷款公司、农村资金互助社、小额贷款公司有关政策的通知》，进一步对新型农村金融机构的存款准备金、利率等八个方面进行了明确。2008年中国人民银行、银监会发布《关于加快推进农村金融产品和服务方式创新的意见》，推广农户小额信用贷款和农户联保贷款、创新贷款担保方式、探索新型金融工具，以分散信贷风险。

2005年以来，中国农业发展银行进一步拓宽业务范围，在以粮棉油收购贷款为主体业务的基础上，加强了农业产业化贷款和农业农村中长期贷款，以增加对农业龙头企业和农业基础设施建设的支持。中国邮政储蓄银行于2007年初正式挂牌成立，为服务"三农"注入新的力量。国家出台相应措施对农村信用社予以支持，如对农村信用社给予支农再贷款、置换农村信用社的不良资产和弥补历年亏损等。

在此阶段，农业信贷支持"三农"发展的力度也在持续加大，涉农金融机构数量也相应增加，但农业贷款占整个贷款规模的比例还很低，从农村资金中"抽血"的情况依然持续，发展现代农业的资金供需矛盾仍然很严重。

### 3.1.3  从发展历程看农业发展与农业信贷的关系

**1. 农业发展与农业信贷均经历了波动曲折的发展历程，有力促进了社会生产力的提高**

现代农业的发展经历了复苏、快速起步、波动上升、整顿调整和全面提升五个阶段，农业生产得到大幅度提升。而农业信贷的发展同样经历了复苏探索、改革起步、机构调整、全面提升四个阶段。由于农村资本市场不发达，农业信贷成为农村金融的主要组成部分，又由于农业信贷主体发展不完善，农村信用合作社一直是农业信贷工作的主要力量。提供信贷主体也从单一的农业银行、农信社发展为农业政策性银行、商业性银行和农村合作金融机构相结合的多元化农村金融组织体系，近几年新型农村金融机构的出现也为农村金融市场注入了新的活力。在管理手段方面，从新中国成立初期高度的"大一统"发展为"以政策作引导，市场为调节"的管理模式。

**2. 规模化生产已成为现代农业发展的显著特点，促进多元化支农融资格局形成**

随着全社会整体经济实力的不断增强及城乡一体化的迅猛发展，农村的青壮年农民纷纷进城务工，农村出现了土地闲置现象；有的地方虽然有人耕种，但农业生产处于勉强维持状态。农村劳动力素质低下、对土地投入减少，使得土地产出效率大大降低，严重影响了农业生产力的发展。在这种情况下，一些种田能手将这些零散的土地集中起来进行规模化经营，逐步发展成为种养大户和家庭农场。伴随着这些种养大户和家庭农场对土地的规模化经营，对土地的投入也呈现规模化，农业机械也在大规模使用。事实证明，由种养大户和家庭农场进行规模化生产，不但提高了土地产出率和农业机械化水平，同时也增加了农民的收入，增强了农民抵御风险的能力。规模化生产需要大量的资金投入，在自有资金投入不足的情况下，信贷资金自然成为必然选择。在国有银行信贷资金供给不足时，必然形成多元化的信贷资金供给渠道。目前农业信贷资金供给主体已经从新中国成立初期单一的农业银行（信用社）发展到当前的正规金融与非正规金融并存的新格局。

**3. 农业规模化生产的构成要件欠缺，资金投入成为"瓶颈"问题**

进行农业规模化生产，不仅需要有规模化的土地、先进的种养技术、先进的农业机械，更需要与之相配套的农业基础设施。目前很多的荒山、荒坡需要整治，很多先进的科学技术需要引入生产实践；先进的大型农机具虽然在数量上有了较大增长，但距离实际生产需求仍然还有很大差距。农业基础设施主要包括农田水利电力设施、田间道路等，但目前这些设施多数还停留在 20 世纪五六十年代的水平，年久失修，很多设施已经不能正常使用，使农业的发展受到限制，一定程度上降低了农业产出率。为了解决上述农业生产要件缺失问题，就要加强对这些要件的更新与改造，加强农业基础设施建设、修整田间道路、改善农田水电条件、增加农田抗旱排涝能力等，为农业生产增加强有力的保障和后劲。国家和地方政府已经拿出相当多的财政资金用于此方面的建设，但杯水车薪，由于这些要件数量多、投资大，财政资金的支持力度根本无法满足需求。对于经营主体来讲，由于这些设施公益性强、投资大、回收期长，大部分的农业经营主体根本没有对此进行投资改造的能力。当国家资金和个人资金均不能满足的情况下，信贷资金将成为新的力量被引入到农业生产中，以弥补农业发展中的资金缺口问题。

### 4. 农业信贷政策改革与发展的行政色彩浓郁，支农效果未尽如人意

多次的农村金融政策改革，始终过于强调正规金融机构的"领军"作用，而对农村非正规金融机构不论在政策导向、还是在扶持力度方面均显薄弱。在农村金融改革的过程中，没有把农民作为参与主体，没有把农民对融资的需求作为农村制度变革的关键因素加以考虑，取而代之的是对相关制度进行强制性变迁，对改革的内容也只是对金融机构实行分分合合，而未对农村金融整体实施的政策导向、绩效评价进行明确且详细的规定。虽然多元化农业信贷资金供给格局已经形成，但整体支农效果并不令人满意，如中国农业发展银行作为中国唯一的农业政策性银行，其资金的主要用途是发放粮、棉、油等大宗农产品的收购贷款，而对于农业中的其他用途的贷款很少；中国农业银行作为国有大型商业银行，其趋利行为显而易见，真正用于农业的贷款微乎其微，在一定程度上已经体现不出"支农助农"的宗旨了。农村信用合作社虽然面向农村基层，但由于规模小、资金量小，只是在一些小额信贷方面起到了积极的作用，鉴于银行贷款管理体制方面的原因，相当多的农民受到抵押、担保的限制而未得到信贷支持。邮政储蓄银行用于农村的信贷业务很少，绝大部分的农村存款流出，成了农村资金的"抽水机"。村镇银行、小额贷款公司也是由于规模小、资金量小，信贷业务未形成规模，对农业的支持力度很小。农民专业互助合作

社是一种新型的农民互助组织，但由于产权不明晰、内部财务制度不健全、农民入股资金量小等原因，未能得到有效的发展。在上述融资形式未能满足需求时，民间信贷凭借其存取方便灵活、设置门槛低等优势，在农业融资中发挥了非常重要的作用，但其利率高，国家对其无法进行有效监管，未受到社会的普遍认可。

**5. 农业信贷对农业的支持力度远远落后于农业对国民经济的作用，农民贷款难问题始终未得到解决**

从新中国成立至今，农业为国民经济的发展作出了举足轻重的贡献，从新中国成立初期的资本原始积累，到如今为我国粮食安全提供坚实的后盾，农业一直在发挥基础性作用。但多年来农业贷款难、贷款贵的问题始终未得到有效解决，尤其是当前农村中的新型生产经营主体。中国农业发展银行的贷款一般是支持大中型企业以及重要的农村基础设施建设，商业银行逐利行为使得信贷资金一般不流向农业，农村合作金融组织由于规模小也难于担此重任。虽说农村小额信贷在一定程度上缓解了农户生产生活资金需求问题，但农业的发展已经打破了以前"小家小户"的生产模式，需要进行大规模生产，小额的资金投入远远不能满足农业规模化发展的需要。这与农业的基础作用、与对社会做出的巨大贡献相比，形成鲜明的反差。

**6. 现代农业迅速发展时期将成为农村信贷改革的"窗口期"**

近年的中央一号文件明确提出要大力发展现代农业，规模化是其显著特征。规模化即生产要素的规模化，表现为土地规模化、高素质劳动力规模化以及资本规模化。资本规模化意味着对农业生产进行大规模的投资，使生产工具更加先进、生产技术更加科学、农业基础设施保障更加持续稳定。要改变小家小户、单打独斗的农业简单再生产方式，进而发展为现代规模化的扩大再生产方式，使农业真正成为国民经济的一门产业而不是包袱，这就需要对农业进行大规模的投资，扩大农业生产规模，改变现有落后的生产条件和经营管理方式。农业信贷作为进行农业扩大再生产的必备条件，农民对其期望值非常高；同时，中央文件对农村金融服务问题专门进行了论述，在政策上予以了明确的规定，指明了方向和步骤。国家的大力支持和农民的旺盛需求给农业信贷改革提供了良好的环境，成为农村信贷改革的"窗口期"。

## 3.2 实证分析

现代农业的突出特点是农业生产全程高度现代化，是高投入、高产出、高效率的农业发展模式，它的发展不仅需要有高素质的人力资源，也需要有足够好的生产条件和环境与之相适应，不仅需要人力的投入，更需要资金的投入。在资金的投入上，根据美国经济学家梅耶提出的"金融啄序"理论，筹资的顺序应该是：先内源融资，后外源融资；外源融资中，先间接融资，后直接融资；直接融资中，先债券融资，后股票融资。内源融资指的是使用生产经营主体的内部盈余进行的筹资活动，外源融资指的是向生产经营主体之外的人、企业或组织筹集资金。在现阶段，农林牧渔生产总值占全部国民生产总值的比例从 1978 年的 38% 下降为 2013 年的 17%，随着人口的不断增加，人地比例持续下降；城镇化改革的深入使得大部分青壮劳动力离开土地去城市打工，留下的劳动力数量少、素质低，农业机械化代替人工劳动已成必然，土地越来越多地向新型农业经营主体集中，进行规模化经营。为了扩大生产规模，农民需要资本金去承包土地以及购买农机、化肥、农药等农用生产资料，农业部门对资本的需求量迅速上升。

关于农业信贷对现代农业发展的促进作用，国内外专家学者已经做了大量研究，并取得了相应的成果。舒尔茨（Schultz）早在 1964 年就提出在经济发展过程中农业是必不可少的，只有农民获得信贷来购置现代农业投入品时发展现代农业才成为可能；祖伯里（Zuberi，1989）也提出，发展中国家由于产业规模小、农业理念传统、灌溉设施陈旧、农业生产技术低效等，使得其农业产出很低。林毅夫等（1994）依照传统经济学逻辑观点，提出金融内生于经济发展战略，认为农村金融的目的是合理有效地调动"三农"的经济资源和经济剩余。金和莱文（King and Levine，1993）指出，发展中国家政府的农业信贷投入低效率特点对农业增长产生制约作用。伯吉斯和潘德（Burgess and Pande，2002）通过对印度 1961～2001 年政策调整阶段银行业数据进行分析后得出，印度的农村金融对农村生产活动起着促进作用。由此推断，在外部政策为零干预的条件下，农村金融可在一定程度上促进农村发展。针对我国农业发展与农村金融的关系，温涛等（2005）提出了改革开放前农村金融的前提是服从国家经济发展的总体战略，向工业和城市输送经济资源与经济剩余。所以，我国的农村金融变迁是在政府强制力的作用下实现的，并非是从农村经济发展本身内生的。因此，冉光和（2008）认为以政府强制力为主导的制度变迁极有可能会对农村经济的发展起抑制作用，农村金融与经济发展的失调成为我国农村经济发展面临的最大问题。谢琼等（2009）认为农村金融与农村经济目标存在失衡，主要体现在金融结构和金融功能方面。关于我国农村金融与农村内部收入差距的关系，张敬石和郭沛（2011）认为，农村金融效率对缓解农村收入差距有促进作用，而农村金融规模作为不利因素影响着农村收入差距的缩小。管福泉等（2012）利用浙江省 11 个地区 1997～2007 年的统计数据，通过面板数据模型实证分析城乡金融发展对农村经济增长的影响，得出结论，农村金融发展对农村经济有显著的促进作用，城市金融发展总体来说对农村经济增长具有有限的促进作用，其中，城市存款与农村经济增长存在反向关系，城市贷款对农村经济增长存在促进作用。丁志国等（2012）通过实证分析，提出农村金融规模的扩大有助于农村经济发展，我国农村信贷结构失调和投资产出效率的"瓶颈"，限制了农村金融对农村经济发展的促进作用。

　　在这种情形下，要发展农业生产力，就必须更新这些阻碍生产力进步的机制。但是，更新人的理念需要人力资本，更新陈旧的农业生产设施需要物质资本，更新生产技术需要技术资本，这些都需要大量资金投入才能进行，在内源融资难以满足的情况下，作为外源融资的金融信贷资金自然而然地与农业生产结合在一起。所以，约翰逊和考尼（Johnson and Cownie，1969）认为，发展中国家通过引入新的农业技术，如化肥、种子、拖拉机以及现代灌溉设施等来提高农业产出，但是农业技术是资金密集型的，将会提高信贷需求。信贷在农业生产中的作用是巨大的，西迪基（Siddiqi，2004）等提出信用是主要的工具，可以帮助农民获得营运资金、固定资金和消费物品；萨布尔（Saboor，2009）等得出相似的结论，即信贷在提高农业生产力方面扮演主要的角色，信贷的及时获取可以帮助农民购买所需的投入品和农业机械，进行农业生产活动。信贷还可以用来救济贫困，购置种子、化肥、牲畜和工具等（Yusuf，1984），同时，信贷可得性增加了可以提高产量的生产技术的采纳程度，政府也使用信贷程序来提高农业产出（Adams and Vogel，1990）；信贷技术的使用提高了信贷需求，提高了小农户的农业生产力（Saboor et al.，2009）；信贷机构、化肥、种子、灌溉对农业生产力的影响是显著的（Zuberi，1983，1990；Sohail et al.，1991；Iqbal et al.，2001，2003；Waqar et al.，2008）。而用来提高农业产出的农业技术的应用也提高了农民的金融需求（Abedullah，2009）。

### 3.2.1 农业总体指标与农业信贷的关系

**1. 指标及数据的选取**

为了准确分析我国现代农业发展与农业信贷之间的相互关系，本书选取了1978～2012年的农业贷款水平、农村家庭人均农业纯收入水平、粮食产量水平、农业机械总动力水平、农田灌溉面积水平、劳动生产率水平、土地生产率水平、财政支农水平、森林覆盖率水平等9个指标，其中农业贷款量作为农业信贷水平指标，反映信贷资金对农业的支持力度；粮食产量水平等8个指标加权后形成农业发展指标，权重根据专家打分法加以确定。9个指标中凡涉及价值量的指标均使用居民消费指数进行了折算，各年度各指标发展水平均以1978年指标数值为基点进行了指数折算。指标及说明见表3-1。

表 3－1                          指标选取及说明

| 指标名称 | 权重 | 指标说明 |
|---|---|---|
| 农业信贷水平指标 | 100 | |
| 农业贷款 | 100 | 反映农业信贷情况 |
| 现代农业水平指标 | 100 | |
| 农民人均农业纯收入水平 | 10 | 反映产出情况，以农村家庭人均（农林牧渔）收入数表示 |
| 粮食水平 | 10 | 反映产出水平，以粮食总产量表示 |
| 农机动力水平 | 15 | 反映物质投入，以农机总动力表示 |
| 农田灌溉面积水平 | 15 | 反映物质投入，以农田灌溉总面积表示 |
| 劳动生产率水平 | 15 | 反映科技水平，劳动生产率＝农业 GDP/农业从业人员 |
| 土地生产率水平 | 15 | 反映科技水平，土地生产率＝农业 GDP/农作物种植面积 |
| 财政支农水平 | 10 | 反映政府支持水平，以国家财政农林水事务支出数表示 |
| 森林覆盖率 | 10 | 反映农业可持续发展水平，森林覆盖率＝森林面积/土地面积 |

在 9 个指标中，农业贷款来自历年《中国金融年鉴》，粮食产量、农机总动力、财政支农资金、农田灌溉面积来自历年《中国统计年鉴》，农民人均农业纯收入水平、劳动生产率水平、土地生产率水平根据历年《中国统计年鉴》相关数据计算而得（见表 3－2）。

表 3－2                  1978～2012 年现代农业与农业信贷水平

| 年份 | 农业信贷水平（$x$） | 信贷农业发展水平（$y$） |
|---|---|---|
| 1978 | 1.00 | 1.00 |
| 1979 | 1.04 | 1.12 |
| 1981 | 1.91 | 1.24 |
| 1982 | 2.35 | 1.33 |
| 1984 | 6.56 | 1.90 |
| 1985 | 7.27 | 1.93 |
| 1987 | 10.54 | 2.07 |
| 1988 | 10.24 | 2.10 |
| 1990 | 12.16 | 2.25 |
| 1991 | 14.52 | 2.26 |

续表

| 年份 | 农业信贷水平（$x$） | 信贷农业发展水平（$y$） |
|---|---|---|
| 1993 | 19.48 | 2.41 |
| 1994 | 15.47 | 2.63 |
| 1996 | 19.90 | 2.95 |
| 1997 | 16.65 | 3.06 |
| 1999 | 24.61 | 3.22 |
| 2000 | 25.00 | 3.25 |
| 2001 | 29.01 | 3.41 |
| 2002 | 35.24 | 3.59 |
| 2003 | 42.55 | 3.76 |
| 2004 | 47.93 | 4.34 |
| 2005 | 55.45 | 4.57 |
| 2006 | 62.23 | 4.81 |
| 2007 | 69.37 | 5.54 |
| 2008 | 74.85 | 6.16 |
| 2009 | 92.46 | 6.93 |
| 2010 | 95.39 | 7.67 |
| 2011 | 95.98 | 8.46 |
| 2012 | 104.36 | 9.23 |

资料来源：根据历年《中国金融年鉴》及《中国统计年鉴》相关数据整理而得。

## 2. 现代农业与农业信贷关系的基本判别

首先，对我国现代农业和农业信贷发展的相关指标进行对比描述和统计分析（见图 3 - 1）。从图 3 - 1 中可以看出，1978 ~ 2012 年农业信贷水平有了大幅度的提高；从发展速度看，1978 ~ 1999 年发展较为缓慢，2000 ~ 2012 年直线上升。1978 ~ 2012 年现代农业发展水平有了一定的提高，从发展速度看，1978 ~ 2002 年发展较为缓慢，2003 ~ 2012 年稍快一些。从二者的发展态势看，现代农业的发展落后于农业信贷的发展。

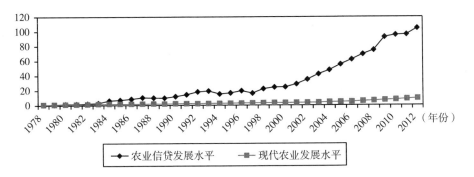

图 3 - 1  1978 ~ 2012 年现代农业与农业信贷发展水平

### 3. ADF 检验

本书采用现代农业发展水平（$y$）作为因变量、农业信贷发展水平（$x$）作为自变量建立回归模型，即 $y = a + bx$，其中，$a$、$b$ 为常数项。

在进行回归分析之前，为避免伪回归现象的出现，需对数据序列进行平稳性检验。本书采用 ADF 检验法（单位根检验）对现代农业发展水平序列和农业信贷发展水平序列进行平稳性检验。

根据检验结果，信贷农业发展水平序列（$y$）经过二次差分后，检验 $t$ 统计量为 -8.36，小于显著性水平为 1% 的临界值，可在 99% 的置信度下拒绝原假设，不存在单位根。农业信贷发展水平序列（$x$）经过一次差分后，检验 $t$ 统计量为 -3.93，小于限制性水平为 1% 的临界值，可在 99% 的置信度下拒绝原假设，不存在单位根。

### 4. 格兰杰因果检验

格兰杰（Granger）因果检验是用于考察一个序列是否是另一个序列产生的原因，原假设为序列 $x$ 不是序列 $y$ 产生的原因。我们选取显著性水平为 0.10，当 P > 0.10 时，表示接受原假设，即序列 $x$ 不是序列 $y$ 产生的原因；反之，当 P < 0.10 时，则表示拒绝原假设，即序列 $x$ 是序列 $y$ 产生的原因。检验结果见表 3 - 3。

表 3 – 3　　　　　　　　　　　格兰杰检验结果

| 变量 | 原假设 | P 值 | 检验结果 |
|------|--------|------|----------|
| 农业信贷水平（$x$）/现代农业发展水平（$y$） | $x$ 不是 $y$ 的格兰杰原因 | 0.0018 | 拒绝 *** |
|  | $y$ 不是 $x$ 的格兰杰原因 | 0.9881 | 接受 |

注：*** 表示 1% 的显著性水平。

表 3 – 3 格兰杰因果检验结果显示，在 1% 显著水平上拒绝原假设，$x$ 与 $y$ 之间存在单向因果关系，$x$ 是 $y$ 的因，即农业信贷是现代农业发展的因，这种因果关系表明改革开放以来我国农业信贷发展对现代农业水平的提高有一定的支持作用。

但是反过来，$y$ 不是 $x$ 的因，即现代农业发展不是农业信贷发展的因，究其原因可能是随着现代农业的发展，农民的收入水平日益提高，手中的存款也相应增加，但农民的存款没有就地转化为农业贷款，而是通过金融机构流向其他行业。而本书使用的信贷指标是贷款量，所以现代农业发展的信贷效果不明显。因此也能看出，消除农业存款的"漏出"现象，防止资金外流，形成农业领域内部资金存贷款的良性循环，应成为解决农业信贷资金短缺问题的一个重要内容。

### 5. 回归结果分析

两个数列经过了平稳性检验和因果分析后，得到的回归结果见表 3 – 4。

表 3 – 4　　　　　　　　平稳性检验和因果分析回归结果

| 因变量 | 常数项（c） | 农业信贷（$x$）回归系数 | $R^2$ |
|--------|-------------|------------------------|-------|
| 现代农业发展水平（$y$） | 1.314740<br>(0.086322) | 0.067245 ***<br>(0.001990) | 0.971901 |

注：*** 表示 1% 的显著性水平。

根据表 3 – 4 回归结果，自变量 $x$ 的收尾概率小于显著性水平 0.01，可以判断在 99% 的置信度下拒绝原假设，说明农业信贷水平（$x$）对农业发展水平（$y$）影响显著。

根据回归分析结果构建回归方程为：$y = 1.37414 + 0.067245x$，即农业信贷水平每增长 1 个百分点，现代农业发展水平可增长 0.067 个百分点。

### 3.2.2　农业分项指标与农业信贷的关系

#### 1. 指标的选择

如前文所述，选取 1978～2012 年的农业贷款水平、农村家庭人均农业纯收入水平、粮食产量水平、农业机械总动力水平、农田灌溉面积水平、劳动生产率水平、财政支农水平、土地生产率水平、森林覆盖率水平 9 个指标作为变量进行分析，其中农业贷款作为农业信贷水平指标，是自变量，以 $x$ 表示；其余 8 个指标作为农业分项指标，是因变量，分别以 *income*、*grain*、*machine*、*irrigate*、*finance*、*labour*、*land* 和 *forest* 表示。

#### 2. ADF 检验

通过 ADF 单位根检验对农业 8 个分项指标进行平稳性分析，得出：农村家庭人均农业纯收入水平、粮食产量水平为经过一阶差分后在 1% 的显著性水平上平稳，农田灌溉面积水平、劳动生产率水平为经过二阶差分后在 5% 的显著性水平上平稳。农业机械总动力水平、土地生产率水平、财政支农水平、森林覆盖率水平为经过二阶差分后在 1% 的显著性水平上平稳。

#### 3. 格兰杰因果分析

通过对农业信贷与上述 8 个农业分项指标进行格兰杰因果关系分析，得出如下检验结果（见表 3－5）。

表 3－5　　　　　　农业分项指标与农业信贷格兰杰分析结果

| 变量 | 原假设 | P 值 | 检验结果 |
| --- | --- | --- | --- |
| 农业信贷（$x$）/农村家庭人均农业纯收入（*income*） | $x$ 不是 *income* 的格兰杰原因 | 0.0161 | 拒绝 ** |
| | *income* 不是 $x$ 的格兰杰原因 | 0.7781 | 接受 |
| 农业信贷（$x$）/粮食产量（*grain*） | $x$ 不是 *grain* 的格兰杰原因 | 0.0554 | 拒绝 * |
| | *grain* 不是 $x$ 的格兰杰原因 | 0.9625 | 接受 |

续表

| 变量 | 原假设 | P 值 | 检验结果 |
|---|---|---|---|
| 农业信贷（x）/农业机械总动力（machine） | x 不是 machine 的格兰杰原因 | 0.3686 | 接受 |
| | machine 不是 x 的格兰杰原因 | 0.0925 | 拒绝* |
| 农业信贷（x）/农田灌溉面积（irrigate） | x 不是 irrigate 的格兰杰原因 | 0.1283 | 接受 |
| | irrigate 不是 x 的格兰杰原因 | 0.2732 | 接受 |
| 农业信贷（x）/财政支农（finance） | x 不是 finance 的格兰杰原因 | 0.0258 | 拒绝** |
| | finance 不是 x 的格兰杰原因 | 0.1475 | 接受 |
| 农业信贷（x）/劳动生产率（labour） | x 不是 labour 的格兰杰原因 | 8. E −05 | 拒绝*** |
| | labour 不是 x 的格兰杰原因 | 0.3475 | 接受 |
| 农业信贷（x）/土地生产率（land） | x 不是 land 的格兰杰原因 | 0.0012 | 拒绝*** |
| | land 不是 x 的格兰杰原因 | 0.0963 | 拒绝* |
| 农业信贷（x）/森林覆盖率（forest） | x 不是 forest 的格兰杰原因 | 0.8561 | 接受 |
| | forest 不是 x 的格兰杰原因 | 0.2562 | 接受 |

注：***、**、*分别表示 1%、5%、10% 的显著性水平。

格兰杰因果分析结果显示，农业信贷—土地生产率水平呈双向因果关系，即农业信贷与土地生产率水平互为原因，相互影响，农业信贷加大了土地的投入，使土地产出增加；规模化生产的发展，土地规模的不断扩大，也必然增加对信贷资金的需求。农业信贷—农业灌溉水平、农业信贷—森林覆盖率呈双向非因果关系，即农业信贷与农业灌溉水平、森林覆盖率之间无因果关系，二者无互补影响，因为近些年来农田基础水利设施建设改造、植树造林等国家直接投资进行建设，很少使用信贷资金进行相关建设，资金投入量相对较少，农田基础水利设施建设改造以及植树造林面积等发展缓慢，年度变化不太大。农村居民家庭人均收入—农业信贷、粮食产量—农业信贷、农机总动力—农业信贷、财政支农水平—农业信贷、劳动生产率—农业信贷五组变量之间存在单项因果关系，农业信贷是农村居民家庭人均收入、粮食产量、财政支农水平、劳动生产率的因，说明随着农村信贷水平的提高，带动了农民生产积极性，对农业生产的资金投入增加，规模化水平带来了规模化收益，农村居民家庭人均收入、粮食产量、财政支农水平、劳动生产率也随之提高。农业信贷—农业机械发展水平呈单向逆因果关系，即农机发展水平是农业信贷的因，随着农业生产力水平的提高，农业机械已成为农业生产的必需的条件，购置大型农业机械需要大量资金投入，在自有资金不足时信贷资金支持显得尤为重要。

#### 4. 回归分析

根据农业的 8 个分项指标与农业信贷的关系展开分析，具体分析结果见表 3 - 6。

表 3 - 6　　　农业分项指标与农业信贷的关系分析结果

| 因变量 | 常数项 | 农业信贷($x$)回归系数 | $R^2$ |
| --- | --- | --- | --- |
| Δ 农村家庭人均农业纯收入($income$) | 4.270648<br>(0.343177) | 0.092524 ***<br>(0.007913) | 0.805566 |
| Δ 粮食产量($grain$) | 1.276248<br>(0.032668) | 0.006169 ***<br>(0.000753) | 0.670242 |
| ΔΔ 农业机械总动力($machine$) | 1.624039<br>(0.119274) | 0.071277 ***<br>(0.002750) | 0.953172 |
| Δ 农田灌溉面积($irrigate$) | 1.136589<br>(0.013079) | 0.012158 **<br>(0.001259) | 0.861379 |
| ΔΔ 财政支农($finance$) | - 1.542235<br>(0.615816) | 0.200317 ***<br>(0.014199) | 0.857773 |
| Δ 劳动生产率($labour$) | 1.122424<br>(0.104413) | 0.090159 **<br>(0.002408) | 0.97701 |
| ΔΔ 土地生产率($land$) | 1.603117<br>(0.096338) | 0.078256 ***<br>(0.002221) | 0.9741 |
| ΔΔ 森林覆盖率($forest$) | 1.083528<br>(0.029706) | 0.008297 ***<br>(0.000675) | 0.825168 |

注：*** 、 ** 分别表示 1% 、5% 的显著性水平；Δ、ΔΔ 分别表示经过一阶差分、二阶差分后达到平稳。

对经过平稳检验的序列进行回归分析，得出 8 个回归方程：

（1）$income = 4.270648 + 0.092524x$

（2）$grain = 1.276248 + 0.006169x$

（3）$machine = 1.624039 + 0.071277x$

（4）$irrigate = 1.136589 + 0.012158x$

（5）$finance = -1.542235 + 0.200317x$

（6）$labour = 1.122424 + 0.090159x$

（7）$land = 1.603117 + 0.078256$

（8）$forest = 1.083528 + 0.008297x$

从回归方程可以看出，农业信贷对现代农业发展的支撑程度大体可分为三类：第一类为财政投入，回归系数高达 0.2；第二类为家庭人均收入、农业机械、劳动生产率和土地生产率，回归系数大体在 0.06～0.1；第三类为粮食产量、有效灌溉面积和森林覆盖率，回归系数低于 0.02。

对财政支持水平回归系数 0.200317 最大，农业信贷每提高 1 个百分点，财政支持水平可提高 0.2 个百分点，这说明信贷水平的提高对于金融机构来讲可以得到更多的财政贴息和补助，对农民来讲，扩大再生产也可以得到更多的农业直补，最终导致金融信贷带动了财政支农。

对农村家庭人均农业纯收入水平、劳动生产率水平的回归系数也比较高，均得到 0.09 个百分点以上，说明农业信贷每提高 1 个百分点，家庭人均农业纯收入水平、劳动生产率水平可提高 0.09 个以上的百分点；对农机发展水平、土地生产率水平的回归系数均在 0.07 以上，农业信贷每提高 1 个百分点，农机发展水平提高 0.07 个百分点。这一结果不仅说明金融贷款促进了农业要素投入（资金、机械）的增加，也验证了金融贷款对农业生产率的提升产生了明显的促进作用。信贷对农业机械作用明显，说明尽管国家对农机购买采取了财政补贴的政策，但信贷仍然对其快速增加起到了显著的推动作用。

对森林覆盖率回归系数 0.008297 最小，说明农业信贷每提高 1 个百分点，森林覆盖率水平提高 0.008 个百分点；粮食产量水平的回归系数也是比较低的，只有 0.006169，说明农业信贷水平每提高 1 个百分点，粮食产量水平只提高 0.006 个百分点；对农业灌溉水平的回归系数为 0.012158，农业信贷水平每提高 1 个百分点，农业灌溉水平只能提高 0.01 个百分点。这三个回归系数很小，说明农业信贷对这三个方面的建设投资力度不够。

究其原因，这三个指标分别代表国家的生态环境建设、粮食生产和农业基础设施建设，其共同特点是建设周期长、投资大、见效慢、收益低、社会效益巨大，金融机构的趋利行为不愿意将有限的资金投放到这些领域，因此国家政策性金融应更多地向这些领域倾斜，加大信贷服务力度，同时加大对商业性金融机构投资上述领域的奖励及补贴力度，提高其投资公益性行业的积极性。由此可见，农业总体指标与农业信贷回归分析中的农业信贷系数偏低主要是由于森林覆盖率、粮食产量水平以及农田灌溉水平的信贷系数过低造成的，要想进一步提升农业信贷对现代农业发展的支撑作用，国家需下大力气采取强有力的措施，加大国家政策对商业银行的诱导，充分发挥政策性金融对农业基础性、公益性事业的支持。

通过上述实证分析可得出：一是农业信贷水平是现代农业发展水平的因，对现代农业的发展水平的影响是显著的，说明农业信贷可促进现代农业的发展，农业信贷力度的加大必然会提高现代农业的发展水平；二是现代农业的发展速度明显低于农业信贷的发展速度，因为现代农业的发展是一项巨大的工程，它的发展受到诸多方面的制约与影响，而农业信贷只是影响其发展的一个方面。

## 3.3　本章小结

本章的主要研究内容是从发展历程、实证分析两个方面来论述农业信贷对现代农业发展的促进作用。

对现代农业的历程分析是将现代农业的发展划分为五个阶段：一是经济复苏阶段，主要是进行农村土地制度和农业合作化、人民公社化等制度变革，农业生产波动发展；二是高速起步阶段，主要是实行家庭联产承包责任制、开展多种经营，生产力水平大幅提高；三是波动上升阶段，主要是深化农产品流通体制改革、调整农业产业结构、实行产业化经营；四是整顿调整阶段，主要是优化种植业生产结构、继续调整农业产业结构、提供优质农产品；五是全面提升阶段，主要是加大对农业的投入支持力度、城乡统筹发展、提高农业可持续发展能力。农业信贷的历程分析是将农业信贷的发展划分为四个阶段：一是复苏探索阶段，主要表现为以中国人民银行为核心的"大一统"的金融管理体制，农业银行几经沉浮，农村信用社成为农村金融的主要力量；二是改革起步阶段，主要表现为农村金融管制逐渐放松，包括农业银行、农村信用合作社、民间非正规金融机构在内的农村金融体系初步形成，对农村的金融服务力度逐年加大；三是改革调整阶段，主要表现为实行农业政策性银行和农业商业性银行的机构改革，整顿农村信用社和非正规金融机构，农业信贷发展步伐减慢；四是全面提升阶段，主要表现为新型农村金融主体不断发展壮大，多元化农村金融体系已经形成，发展现代农业的资金供求矛盾凸显。通过对现代农业和农业信贷发展的历程分析，得出二者关系如下：一是我国的现代农业与农业信贷发展是一个曲折上升的过程，有力促进了社会生产力的提高；二是规模化生产已成为现代农业发展的显著特点，多元化支农融资格局已经形成；三是现代农业规模化生产的构成要件欠缺，急需信贷资金支持；四是农村信贷的改革与发展行政色彩浓郁，支农效果未尽如人意；五是农业信贷对现代农业的支持力度远远落后于农业对国民经济的作用，农民贷款难问题始终未得到解决；六是现代农业迅速发展时期将成为农村信贷改革的"窗口期"。

在实证分析方面，将农业贷款、粮食产量、农村家庭人均农业纯收入、农机总动力、农田灌溉面积、劳动生产率、土地生产率等9个指标进行加工整理，通过农业信贷与现代农业指标的格兰杰因果分析，得出了农业信贷是现代农业发展总体指标的原因；农业信贷是现代农业发展分项指标中农村居民家庭人均收入、粮食产量、财政支农水平、劳动生产率的单项因果原因，与土地生产率水平是双向因果原因，与农业灌溉水平、森林覆盖率呈双向非因果原因。回归分析结果表明，农业信贷对现代农业发展总体指标存在显著影响，农业信贷水平每增长1个百分点，现代农业发展水平可增长0.067个百分点。农业信贷水平对财政支持水平、家庭人均农业纯收入水平、劳动生产率水平影响较大，但对森林覆盖率、粮食产量水平以及农田灌溉水平影响相对较小。由此提出以下建议：一是注重农业信贷对现代农业发展的显著影响作用，加大对农业的信贷支持力度；二是应加强对农业可持续发展、增加粮食产量、改善农业生产条件等方面的信贷资金投入；三是在促进农业信贷的同时，还要注重其他方面的投入。

# 第4章

# 现代农业发展的农业信贷资金需求分析
## ——基于新型农业经营主体视角

　　随着农业的进一步发展，农村种养大户、家庭农场、农业合作社等相继成为农业生产的新型主体，农业生产方式从小家小户发展为规模化生产，农业生产机械化水平进一步提高，资金投入也随之加大。为了使有限的资金发挥最大效用，就需要了解生产主体在农业发展中的资金需求状况是什么，哪些需求未得到充分满足，影响需求的因素是什么，需求量到底是多大等，以便有的放矢地发放信贷资金，促进现代农业的充分发展。对于农村信贷资金的需求问题，没有统一的官方数据和计算方法，一般是相关的专家学者进行实地调研，根据相关方法推算而得。为了弄清这些问题，在吸收前辈研究成果的基础上，笔者于 2013 年 11 月至 2014 年 4 月随项目组专门赴江苏泰州市、湖北监利县、广西田东县、宁夏贺兰县和黑龙江富锦市五个市县开展问卷调研，参加座谈会，并实地走访了一些家庭农场和农业合作社，这些实地观测数据和资料为下一步的研究工作奠定了很好的基础。

## 4.1 需求现状

### 4.1.1 样本选择调查情况

本次调研的对象分为种养大户（家庭农场）、农民专业合作社和农业企业等几类主体。种养大户（家庭农场）的调查内容主要包括被调查户个人基本情况、家庭生产情况、经营与发展问题、融资状况和融资需求等。农民合作组织的调查内容主要包括合作组织负责人基本情况，合作组织注册、资产负债、盈余分配情况，合作组织的融资现状及融资需求情况等。农业企业的调查内容主要包括企业基本情况、资产负债情况、企业融资现状及融资需求情况、企业价值链融资情况等。在各类主体的融资现状问卷中，均包括了贷款融资额度、贷款期限、贷款难易程度、抵押担保情况、遇到的主要问题以及财政扶持情况等。在各类主体的融资需求问卷中，均包括了贷款需求额度、贷款期限、贷款利率、贷款渠道等。

调研种养大户（家庭农场）113户，收回有效问卷111份，从事农业产业涉及种植业、养殖业以及种养兼业，调研形式为填写调研问卷、实地走访以及召开座谈会等，目的在于对农业新型生产主体的信贷需求情况进行分析。在本次调研的种养大户（家庭农场）中，大部分是农场主，占调查户的75%；文化程度主要集中在初中和高中，占全部调查户的81%；家庭人口平均为5.37人，家庭劳动力平均为2.9人；家庭总收入平均为65万元，主要是种植业收入，占53%，其次是养殖业收入，占31%。在有效调查户中，根据经营行业，包括种植户58户，主要种植水稻、玉米及果树等；养殖户23户，主要养殖牛、猪、鸡及水产品等；种养结合户30户；根据经营收入规模，包括较高收入户（年收入大于或等于80万元）32户，中低收入户（年收入小于80万元）79户。本次调研共收回农业企业问卷43份，得到有效问卷41份，主要是农产品加工企业，其中种植业加工企业28家，养殖业加工企业13家。这些企业中规模最大的是广西田东雄桂牧业有限公司，注册资本为7850万元，主要经营生猪养殖。规模最小的是宁夏贺兰的宁夏昊裕油脂有限公司，注册资本为200万元，主要经营油脂加工。由于回收农民专业合作社问卷份数很少，而且每份问卷中涉及的实质业务也很少，故农民专业合作社的现状分析使用公开出版的一些文献资料涉及的数据进行。

## 4.1.2 种养大户（家庭农场）

近年来，在种植业方面，我国农民土地经营规模很小，户均耕地面积大体保持在 2 亩多一点。在养殖业方面，农民的养殖规模也很小，以养猪为例，2012 年户均养殖不足 2 头。受经营规模条件的限制，一些农民纷纷离开农村去城市打工，农村的土地逐渐以流转的方式集中到部分种植能手和养殖能手手中，成为种养专业大户（家庭农场）。根据农业部种植业司对全国种粮大户的调查结果，2013 年底 68.2 万户种粮大户经营耕地 1.34 亿亩，产出粮食 1492 亿斤，占全国粮食总产量的 12.7%，超过经营耕地 7.3% 的比例；种粮大户平均粮食亩产 486 公斤，高出全国平均水平 133 公斤。

本次五省五县调查显示，调查户从事农业生产需要大量的资金投入，在筹集农业生产资金方面呈现如下特征。

**1. 生产资金需求缺口大，对金融机构信贷资金需求旺盛**

随着农业的发展，农村种养大户和家庭农场的生产规模进一步扩大，所需的设备和生产资料等也同时增加，由此产生大量的资金需求，传统的自给自足的资金供给方式已经远不能适应这种需求，因此，信贷资金将成为种养大户们获取资金支持的重要源泉。

根据调查，68% 的种养大户（家庭农场）提出要扩大生产规模，82% 的调查户提出生产经营中的主要问题是资金问题，80% 的调查户存在资金短缺问题（见表 4-1），平均每个调查户资金短缺额度为 47.58 万元，目前每个调查户的平均银行贷款额度是 23.43 万元（见表 4-3），银行贷款还要增加将近 2 倍才能满足这些调查户的资金需求。换句话说，现在的银行贷款只是满足了现在种养大户（家庭农场）信贷资金需求的 1/3，可谓"资金缺口巨大"。

当问到"资金短缺通常想到谁"的问题时，78% 的调查户回答"向银行、信用社等金融机构贷款"（见表 4-1）。说明种养大户（家庭农场）

对银行、信用社等正规金融机构的信赖程度很高，他们希望这些机构能给予更多的资金支持。

表 4 - 1　　　　　　　种养大户（家庭农场）资金需求状况

| 调查项目 | 调查项目明细分类 | 调查户数 | 占总调查户比重（%） |
|---|---|---|---|
| 打算扩大规模 | | 73 | 68 |
| 经营中遇到的主要问题 | 政策扶持问题 | 5 | 6 |
| | 资金问题 | 63 | 82 |
| | 技术问题 | 14 | 18 |
| | 设备问题 | 10 | 13 |
| | 基础设施问题 | 12 | 16 |
| | 土地流转问题 | 3 | 4 |
| | 人工问题 | 2 | 3 |
| | 管理问题 | 4 | 5 |
| | 信息问题 | 1 | 1 |
| 存在资金短缺 | | 86 | 80 |
| 存在资金短缺时通常想到 | 向银行、信用社等金融机构贷款 | 69 | 78 |
| | 向其他企业、组织机构和个人借款（非社员） | 16 | 18 |
| | 向社员集资 | 4 | 5 |
| | 寻求政府支持 | 12 | 14 |
| | 其他 | 0 | 0 |
| 负债情况 | 银行贷款（万元） | 1403 | 45 |
| | 钱庄借款（万元） | 558 | 18 |
| | 亲友借款（万元） | 1128 | 37 |
| | 负债总额（万元） | 3089 | 100 |

资料来源：根据实地调研数据整理。

同样的问题也出现在我国其他地区，根据吴红卫等（2012）对浙江百户种植大户和百户养殖大户的问卷调查显示，存在资金困难的占 74.6%，认为资金问题在生产经营中是最大问题的占 72.6%，远远高于其他因素。在解决生产资金不足方面，选择向金融机构贷款的大户占 59.7%，选择向亲朋好友借款的大户占 31.3%，选择非正规借贷的占 8%。

### 2. 生产经营资金绝大部分来自非正规借贷，金融机构银行贷款覆盖率低

通过对五个市县的调查发现，在经营起步和日常的生产经营中，农民所需资金来源大多来自亲朋好友借款和自家存款，银行贷款覆盖比重不大。在经营起步阶段，使用亲朋好友借款的有 61 户，占调查户的 66%；使用自家存款的有 52 户，占 56%，而获得银行贷款的调查户只有 44 户，占 26%；在日常生产经营中购置设备及生产资料，使用亲朋好友借款的有 55 户，占调查户的 63%，使用自家存款的有 43 户，占调查户的 49%，而使用银行贷款的只有 33 户，占调查户的 23%（见表 4 - 2）。

表 4 - 2　　　　　　种养大户（家庭农场）生产经营资金来源情况

| 调查项目 | 调查项目明细分类 | 调查户数 | 占总调查户比重（%） |
|---|---|---|---|
| 经营起步资金来源 | 财政扶持资金 | 3 | 3 |
| | 银行贷款 | 44 | 47 |
| | 钱庄借款 | 9 | 10 |
| | 亲友借款 | 61 | 66 |
| | 自家存款 | 52 | 56 |
| | 其他 | 0 | 0 |
| 购置设备及生产资料的资金来源 | 财政扶持资金 | 0 | 0 |
| | 银行贷款 | 33 | 38 |
| | 钱庄借款 | 13 | 15 |
| | 亲友借款 | 55 | 63 |
| | 自家存款 | 43 | 49 |
| | 其他 | 0 | 0 |

资料来源：根据实地调研数据整理。

### 3. 银行贷款融资难、融资额度小的现象依然存在，融资成本高低差异较大

银行贷款融资难的问题已经存在多年，但目前在农业贷款中这种现象依然存在，而且很严重。根据调查，对于"融资难易程度"的问题，回答"困难"的有 40 户，占 46%，回答"较困难"的有 28 户，占调查户的 32%，二者合计为 78%（见表 4 - 3）。郭安东等（2013）通过调查陕西富

平县 81 个家庭农场，结果是有 18 个家庭表示可以完全满足融资需求，39 个家庭部分满足，24 个家庭不能满足，完全满足的只占 22.2%，而部分满足或不能满足的占 77.8%。银行贷款额度小也是调查户不满意的问题，从调查结果来看，已获银行贷款的调查户平均贷款额度为 23.43 万元，每笔贷款额度为 11.9 万元，资金缺口为每户 47.58 万元（见表 4 - 3）。

表 4 - 3 种养大户（家庭农场）融资情况

| 调查项目 | 调查项目明细分类 | 调查户数 | 占总调查户比重（%） |
|---|---|---|---|
| 融资的难易程度 | 容易 | 1 | 1 |
|  | 较容易 | 5 | 6 |
|  | 一般 | 13 | 15 |
|  | 较困难 | 28 | 32 |
|  | 困难 | 40 | 46 |
| 已获得贷款额度 | 23.43 万元（46 户平均） | | |
| 已获得贷款额度 | 11.9 万元（90 笔平均） | | |
| 资金缺口 | 47.58 万元（73 户平均） | | |

资料来源：根据实地调研数据整理。

调查户的银行贷款主要来源于农业银行、农村信用合作社、邮政储蓄银行等，融资成本存在着高低差异较大的问题。首先是不同银行之间贷款利率不同，贷款利率最高的是农村信用合作社，最高时达年息 21.6%，贷款利率最低的是农业银行，年息为 6.9%；其次是同一银行的贷款利率也不相同，如农村信用合作社，利率年息最高时达到 21.6%，最低时只有 9.6%。在我国其他地区，根据郭安东等（2013）对陕西富平县家庭农场的调查结果，农信社年贷款利率为 11.28%。如此高的贷款利率给农民的生产经营带来了沉重的负担。农民希望得到低利率的贷款，但由于商业银行的趋利行为使得其对农民的贷款发放量很少，只有极少数的农民能取得农业银行的贷款。

**4. 低收入人群获银行小额贷款顺畅，而大规模种养大户获取银行贷款受阻**

在年度农业收入水平上，将调查户分为 80 万元以下（不包括 80 万元）和 80 万元以上两个群组，80 万元以下群组包括 81 个调查户，80 万元以上群组包括30个调查户。由于两个群组收入水平的差异，融资需求呈现不同特点（见表4-4）。

表4-4　　　　　不同收入水平大户（家庭农场）的银行贷款需求

| 调查项目 | 调查项目明细分类 | 年农业收入80万元以下（不包括80万元） | | 年农业收入80万元以上 | |
|---|---|---|---|---|---|
| | | 调查户数 | 占总调查户比重（%） | 调查户数 | 占总调查户比重（%） |
| 购置设备及生产资料的资金来源 | 财政扶持资金 | 0 | 0 | 0 | 0 |
| | 银行贷款 | 20 | 33 | 13 | 50 |
| | 钱庄借款 | 4 | 7 | 9 | 35 |
| | 亲友借款 | 42 | 69 | 13 | 50 |
| | 自家存款 | 31 | 51 | 12 | 46 |
| | 其他 | 0 | 0 | 0 | 0 |
| 融资的难易程度 | 容易 | 1 | 0 | 0 | 0 |
| | 较容易 | 5 | 2 | 0 | 0 |
| | 一般 | 9 | 8 | 4 | 14 |
| | 较困难 | 18 | 15 | 10 | 36 |
| | 困难 | 26 | 31 | 14 | 50 |
| 贷款申请获准情况 | 向银行口头提出过贷款，但从未书面申请 | 15 | 29 | 12 | 55 |
| | 书面申请且每次都能获得贷款 | 18 | 35 | 3 | 14 |
| | 书面申请且有时能获得贷款 | 12 | 23 | 3 | 14 |
| | 书面申请但从未获得贷款 | 7 | 13 | 4 | 18 |
| | 不需要银行贷款 | 0 | 0 | 0 | 0 |
| 抵押担保情况 | 仅凭信用，无抵押担保 | 32 | 64 | 11 | 44 |
| | 财产抵押 | 14 | 28 | 12 | 48 |
| | 第三方担保（保证） | 4 | 8 | 2 | 8 |
| 向银行贷款遇到的问题 | 抵押不足 | 25 | 47 | 11 | 92 |
| | 无担保 | 18 | 34 | 11 | 92 |
| | 手续烦琐 | 37 | 70 | 12 | 100 |
| | 银行资金紧张 | 2 | 4 | 7 | 58 |
| 资金缺口 | 10万元以下（不包含10万元） | 6 | 12 | 0 | 0 |
| | 10万~30万元（不包含30万元） | 19 | 39 | 3 | 13 |
| | 30万~50万元（不包含50万元） | 9 | 18 | 4 | 17 |
| | 50万~100万元（不包含100万元） | 8 | 16 | 12 | 50 |
| | 100万元以上 | 7 | 14 | 5 | 21 |

资料来源：根据实地调研数据整理。

在日常的设备以及生产资料购置资金来源方面，有"银行贷款"的调查户比重已从低收入组的 33% 上升到高收入组的 50%，有"亲朋好友借款"的调查户比重已从低收入组的 69% 下降到高收入组的 50%，说明高收入群组，即规模大户的资金需求量大，靠自给自足解决是不够的，必须依靠信贷资金的支持。

在融资的难易程度方面，低收入组中认为"融资困难或较困难"的调查户共占 46%，而高收入组中认为融资困难或较困难的调查户共占 86%，较低收入组多 40%，说明规模大户由于资金需求量大（一般在 50 万元以上）且银行贷款的额度有限而备感资金压力。

在银行贷款获准情况方面，"向银行口头提出过贷款但从未书面申请"的调查户在低收入群组只占 29%，而在高收入群组则高达 55%，说明种养大户的银行贷款意识不强，不熟悉申请银行贷款的基本程序；"书面申请且每次都能获得贷款"和"书面申请且有时能获得贷款"的调查户在低收入群组共占 58%，而在高收入群组只占 28%，说明小规模户较容易得到小额银行贷款，而种养大户的大额贷款很难得到银行的支持。

在抵押担保方面，"仅凭信用而无抵押担保"就可获得贷款的调查户在低收入群组占 64%，而在高收入群组占 44%；"需要财产抵押"以获得贷款的调查户在低收入群组占 28%，而在高收入群组占 48%。说明种养大户的大额贷款获取需要满足较严格的审批条件，这将很多大户挡在贷款之外。

在向银行贷款遇到的问题方面，低收入群组中 70% 的调查户认为"手续烦琐"，47% 的调查户认为是"抵押不足"；而高收入群组 100% 的调查户认为"手续烦琐"，接近 100% 的调查户认为"抵押不足"和"无担保"，同时还有一半多的调查户认为是"银行资金紧张"。由此看出，抵押担保问题主要出现在大额贷款需求中，这一问题已成为种养大户进行贷款申请的"瓶颈"因素。

## 5. 种植大户资金缺口大，不易获得银行贷款

种植大户主要种植粮食作物或经济作物，不仅要受到自然界不利气候条件的影响，还要受到产品价格等市场行情的影响，使得种植业面临的自

然风险和市场风险很大，银行不愿意为之贷款；再加上种植业需要大面积的土地，耕地、播种、灌溉、收获等一系列农业生产环节需要大量的资金投入，而且大田作物的利润率也偏低。这就出现了一对矛盾，即大量的资金需求与银行不愿为之贷款之间的矛盾。从表 4 - 5 可以看到，37%的种植大户对资金的缺口在 50 万 ~ 100 万元，而养殖大户和种养大户的资金缺口主要集中在 10 万 ~ 30 万元。

表 4 - 5　　　　　不同产业大户（家庭农场）的银行贷款需求

| 调查项目 | 调查项目明细分类 | 种植 | | 养殖 | | 种养结合 | |
|---|---|---|---|---|---|---|---|
| | | 调查户数 | 占调查户比重(%) | 调查户数 | 占调查户比重(%) | 调查户数 | 占调查户比重(%) |
| 贷款申请获准情况 | 向银行口头提出过贷款,但从未书面申请 | 18 | 46 | 4 | 33 | 5 | 22 |
| | 书面申请且每次都能获得贷款 | 5 | 13 | 5 | 42 | 11 | 48 |
| | 书面申请且有时能获得贷款 | 11 | 28 | 1 | 8 | 3 | 13 |
| | 书面申请但从未获得贷款 | 5 | 13 | 2 | 17 | 4 | 17 |
| | 不需要银行贷款 | 0 | 0 | 0 | 0 | 0 | 0 |
| 资金缺口 | 10 万元以下(不包含 10 万元) | 2 | 5 | 1 | 13 | 3 | 14 |
| | 10 万 ~ 30 万元(不包含 30 万元) | 11 | 26 | 4 | 50 | 7 | 32 |
| | 30 万 ~ 50 万元(不包含 50 万元) | 8 | 19 | 0 | 0 | 5 | 23 |
| | 50 万 ~ 100 万元(不包含 100 万元) | 16 | 37 | 2 | 25 | 2 | 9 |
| | 100 万元以上 | 6 | 14 | 1 | 13 | 5 | 23 |

资料来源：根据实地调研数据整理。

种植大户不易获得银行贷款的另一个原因是不熟悉银行贷款的程序和规范。调查发现，种植大户有46%的调查户"向银行口头提出过贷款，但从未书面申请"，这种情况在养殖大户中有33%的调查户出现，而在种养大户中只有22%的调查户出现。

## 4.1.3　农民专业合作社

农民专业合作社在农村的迅速发展已成为继家庭联产承包责任制、乡镇企业和农业产业化之后的第四次农村制度的大力度变革，大力发展农民专业合作社，不仅是市场经济条件下提升农业产业发展水平、促进先进农业科技推广、增强农民市场竞争能力的重要举措，更是培养农民民主意识、提高农民组织化程度、增加农民收入的重要手段。

### 1. 信贷需求量大，资金满足率低

魏翔等（2012）对最近 3 年甘肃定西等 12 个市的 160 家省级示范合作社的资金需求调查结果显示，99.36% 的合作社存在资金困难，一是资金的季节性需求，二是固定资产投资需求。其中，有 134 家合作社有进行配套设施建设、扩大生产规模的需求，资金缺口高达 1.77 亿元。在向金融机构申请过贷款的合作社中，表示容易取得贷款的合作社只占 4.2%；在 130 笔获批准的贷款中，以合作社名义获得的只占 12%，绝大部分是以社长身份获得的。浙江大学等对浙江省 285 个农民专业合作社进行抽样调查，发现农民专业合作社借贷资金主要是生产性的，用于购买农业生产资料、收购农产品以及进行基础设施建设等（张静，2013）。

### 2. 正规金融机构提供资金有限，民间非正规借贷成为有力补充

由于农民专业合作社从事农业产业风险大、附加值低、没有健全的财务管理制度，正规金融机构不会给予其太大的资金支持，于是民间非正规信贷成为很多农业合作社的融资来源。根据魏翔等（2012）对甘肃定西等 12 个市的 160 家省级示范合作社的调查，有 121 家合作社参与了民间融资，参与率高达 75.6%，仅凭信用担保获得民间借贷的合作社占 50.94%。李继志等（2013）对湖南沅江 90 家以种植业、畜牧业为主的农民专业合作社的调查发现，正规金融机构的贷款条件很苛刻，在随机抽取的 200 笔贷款中，85% 的贷款提供了担保和财产抵押，只有 15% 是以信用形式进行贷款，且金额都在 4 万元以下。正规金融机构不仅贷款额度小，而且涉及面窄。根据调查结果，由于正规金融机构贷款不足，很多专业合作社采取多渠道筹集资金的形式，20% 的合作社采取向亲朋好友借款的方式来筹集资金。同样，浙江大学等对浙江省 285 个农民专业合作社进行抽样调查，获得贷款覆盖面仅为 47.47%（张静，2013）。

### 3. 贷款需求规模趋升，金融机构备受青睐

随着农业的发展，农业经营主体生产的规模化、标准化程度进一步提高，对资金规模的需求也呈上升趋势。根据李润平（2013）对河北、安徽两省的130家农民专业合作社的调查结果，融资需求在100万元以上的占43%，50万～100万元的占24%，10万～30万元的占9%，3万～10万元的只占4.7%。由于资金需求规模的扩大，农民专业合作社将自己的期望寄托在实力雄厚的正规金融机构身上。浙江大学的调查显示，存在融资需求的农民专业合作社数量明显上升，占整个调查样本的76%，关于获得贷款来源，61%的合作社最希望从农信社获得，24%的合作社最希望从农行获得。

### 4. 融资成本高，财政支持的力度与效率不高

由于农业生产的弱质性、高风险性以及金融商业活动的趋利性，使得很多金融机构不愿进行农业贷款，当从正规金融机构得不到贷款时，需求者就会转向民间非正规借贷。民间非正规借贷主要以短期为主，一般为1个月、3个月、半年不等，其利率少则12%左右，有的地方高达25%。由于融资成本较高，贷款人一般选择短期贷款，着眼于解决眼前的资金压力，导致对生产的长远规划缺乏总体安排。

为解决融资成本高的问题，各地采取了对合作社进行财政补贴的措施，但由于财政力量大小不均，使得各地在支持专业合作社的力度和效率上不均衡。贺欣等（2011）通过对北京市的农民专业合作社进行调查发现，2008年末，北京市京郊农民专业合作社总数2266个，获财政扶持资金8042万元，平均每个合作社不足4万元，各区县多少不均等。根据魏翔等（2012）对甘肃定西等12个市的问卷调查结果，160家省级示范合作社中获得政府资金支持的有65家，其中30家获得省级财政、国际项目支持，平均获取支持资金11.53万元；35家获得市级财政支持，平均获取支持资金21.63万元。可以看出，这些资金的支持力度是远远不够的。由于财政资金支持是无偿拨付的，受划拨环节和监管的限制，财政支持不一定覆盖到那些发展势头良好、真正需要资金的合作社。

## 4.1.4　农业企业

实行农村家庭联产责任制后，农民的生产积极性被迅速调动起来，农业产值也逐年快速飙升，20 世纪 80 年代开始，农业劳动力不断向第二、第三产业转移，农业企业也随之以乡镇企业的形式出现。在之后的发展中，"农工商一体化""产供销一条龙"为经营方式的农业企业逐渐在东部一些地区出现。20 世纪 90 年代，山东省潍坊市提出的"龙头带动规模经营"新战略使农业产业组织迅速发展。党的十五届五中全会对农业产业化的地位和作用加以肯定，认为其是推动农业现代化的重要途径。近年来，随着农村经营主体以及经营方式的多元化，农业企业与农民之间的合作模式由以前单一的"企业 + 农户"模式发展成为"企业 + 基地 + 农户""企业 + 合作社 + 农户"等多种模式并存。

本次调研的农业企业在信贷融资方面呈现如下特征。

**1. 贷款总量有了较大幅度的增加，但银行贷款覆盖面仍然较低**

根据调查结果，近几年银行贷款对企业的覆盖面较为稳定，一般保持在 50% 左右，即有 20 家农业企业可以得到银行信贷支持，且主要集中在中国农业银行、中国农业发展银行和农村信用合作社。从贷款量来看，贷款总额从 2008 年的 17357 万元增加到 2013 年的 62174 万元，增加了 2.58 倍（见表 4 - 6）。

表 4 - 6　　　　　　　　**2008 ~ 2013 年农业企业贷款情况**

| 项目 | 2008 年 | 2009 年 | 2010 年 | 2011 年 | 2012 年 | 2013 年 |
| --- | --- | --- | --- | --- | --- | --- |
| 贷款企业（家） | 10 | 15 | 20 | 21 | 20 | 20 |
| 贷款额（万元） | 17357 | 28659 | 45268 | 77973 | 75313 | 62174 |

资料来源：根据实地调研数据整理。

从得到的贷款规模上看，经营规模大的企业一般从中国农业发展银行、中国农业银行获取贷款，有的甚至是从中国建设银行或国家开发银行获得贷款，这样的贷款规模一般很大，每笔少则上千万，多则七八千万元；经营规模小的企业一般从农村信用合作社得到贷款，这种贷款额度不大，一般是几百万元。贷款利息执行国家的官方利息标准，比农户贷款的利息要低得多。

根据未得到贷款的农业企业的调查结果，这些企业一般对信贷资金的获得持无所谓的态度，一种可能是资金问题已经通过企业的增资扩股等方式解决了，如广西田东的新亚东农产品物流公司；另一种可能是贷款难度太大，因而不抱希望。

在我国其他地区也存在同样情况，根据杨孚文等（2010）对湖南省72家农业企业的调查结果，银行大多愿意给大型企业而不愿意给小企业贷款，主要原因是小型农业企业的经营风险大、有效抵押不足、企业竞争力不强。段书文（2013）通过对山西383家农业企业的调查发现，中小企业审贷通过率仅为46%，54%的中小企业得不到银行贷款。

### 2. 贷款力度凸显国有大型商业银行优势，民间非正规借贷成为有力补充

在贷款力度和贷款覆盖面方面，中国农业发展银行、中国农业银行的贷款优势凸显，两家银行对被调查企业贷款的覆盖面近几年一直保持在15%左右。中国农业发展银行对每家企业的平均贷款额度从1810万元上升到2013年的将近5000万元，增长了1.8倍；中国农业银行对每家企业的平均贷款额度也从2000万元上升到2013年的将近2900万元，增长了45%。与此相比，农村信用合作社对农业企业的贷款情况略显逊色，因为贷款额度小，不能满足农业企业的资金需要，对农业企业的贷款覆盖面大约只占12%左右，贷款额度从2008年的300万元上升到2012年的1500万元以上，增长了4倍（见表4-7）。虽然农村信用合作社的贷款额度比不上上述两家大银行，但对农业企业贷款额度的发展速度是最快的。

表4-7　　　　2008~2013年农口三大银行对农业企业贷款情况

| 金融机构 | 指标 | 2008年 | 2009年 | 2010年 | 2011年 | 2012年 | 2013年 |
|---|---|---|---|---|---|---|---|
| 农业银行 | 贷款企业数（家） | 3 | 6 | 6 | 6 | 5 | 6 |
| | 贷款额度（万元） | 6125 | 8500 | 12550 | 11865 | 14345 | 17375 |
| | 平均每家企业贷款额度（万元） | 2042 | 1417 | 2093 | 1977 | 2869 | 2896 |

续表

| 金融机构 | 指标 | 2008 年 | 2009 年 | 2010 年 | 2011 年 | 2012 年 | 2013 年 |
|---|---|---|---|---|---|---|---|
| 农业发展银行 | 贷款企业数（家） | 3 | 5 | 6 | 6 | 5 | 3 |
| | 贷款额度（万元） | 5430 | 7350 | 15069 | 33930 | 25210 | 14985 |
| | 平均每家企业贷款额度（万元） | 1810 | 1470 | 2512 | 5655 | 5042 | 4995 |
| 农村信用社 | 贷款企业数（家） | 1 | 5 | 5 | 5 | 7 | |
| | 贷款额度（万元） | 300 | 1806 | 3976 | 7556 | 11060 | |
| | 平均每家企业贷款额度（万元） | 300 | 361 | 795 | 1511 | 1580 | |

资料来源：根据实地调研数据整理。

其他地区的情况也说明这一问题。根据段书文（2013）对山西 383 家企业的调查，山西省的中小企业融资主要集中在银行贷款和民间非正规融资，分别占 43.9% 和 38.9%。由此可见，企业使用民间融资方式的比例是相当高的，民间融资凭借其经营灵活、申请流程简单、信息通畅、无担保抵押等优势得到企业的广泛认可，特别成为小型企业解决短期资金周转的主要方式。

### 3. 资金缺口逐年加大，融资成本偏高

随着近年来经济的迅速发展，农业企业的规模不断扩大，对资金的需求也与日俱增。根据调查分析，平均每家企业的年负债从 2008 年的 1912.54 万元持续增加到 2013 年的 4836.21 万元，平均每家企业的年均银行贷款从 2008 年的 723.21 万元提高到 2011 年的 2599.1 万元，之后连续两年下滑，2013 年仅为 2143.93 万元。由于资金需求的逐年增加与银行贷款额度的相继减少，使得贷款资金缺口在近两年也迅速提升，从 2008 年的 1189.33 万元增加到 2013 年的 2692.28 万元（见图 4 - 1）。

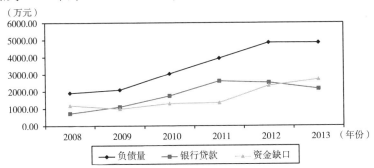

图 4 - 1　2008 ~ 2013 年农业企业户均负债与银行贷款情况

资料来源：根据实地调研数据整理。

农业企业的融资成本较国家基准利率要高出许多。段书文（2013）对山西省383家企业2012年经营情况的调研结果显示，只有15.6%的企业的综合融资成本低于10%，22.2%的企业在10%～15%之间，50%以上的企业超过15%，还有一些企业超过了20%。原因主要是由于中小企业得到的金融机构贷款不足以维持正常的生产经营，只能通过民间非正规借贷渠道（贷款公司、地下钱庄，甚至是高利贷）申请贷款。如此高的融资成本让利润率本就很低的中小企业难以承受，严重束缚了生产的进一步发展。

## 4.2 存在的主要问题

### 1. 银行贷款需求缺口大，农业新型经营主体贷款难仍在持续

农业新型经营主体资金缺口大、贷款难的问题近几年有增无减，尤其是一些种养大户、农民专业合作组织和中小型农业企业。通过调查相关实例可以看到，平均每户种养大户的资金缺口为47.58万元，平均每家专业合作社的资金缺口为135万元，平均每家中型农业企业银行贷款缺口达2692万元。农业经营主体贷款难问题主要表现在：一是从银行得不到贷款，或是银行贷款额度不能充分解决资金需求缺口；二是银行贷款申请审批手续烦琐且严格，致使有的经营主体贷款申请审批完毕时由于时间延误太长错过了最佳的农业生产时机，有的专业合作社由于缺乏健全的财务管理制度而被银行拒之门外；三是银行贷款所需的财产抵押担保条件难于达到，贷款申请人只能是望而生畏。

### 2. 非正规融资需求占有相当大比重，融资成本居高不下

对于农业中小型经营主体来说，在正规金融机构的银行贷款很难满足需求的情况下，为解决农业生产中的资金短缺问题，只能选择非正规融资方式。民间非正规融资的突出优点是经营方式灵活、审批流程简单，这些都是正规金融机构所不可比拟的。正因为民间非正规融资的这些优点，使

得其在整个信贷市场上有广阔的空间，得到很多借款人的认可，在一定程度上弥补了正规金融资金供给不足的问题。但是，民间非正规融资由于缺乏国家有效的监督管理，经营随意性大，内部管理混乱，以获取高额利息为最终目的，没有国家政策法规的约束与保障，风险较大，容易引发债务纠纷。

由于农业贷款的交易成本相对较高，国家规定农业贷款的融资利率可以高于基准利率，再加上正规金融机构银行贷款的欠缺，非正规融资的大量涌入，致使有的地方利率已高达 25%，很多农业经营主体不得不压缩生产规模，暂时放弃对基础设施进行更新改造的计划，只进行一些短期投资，获取短期收益。

**3. 抵押担保条件成为银行贷款的制约要件，信用贷款需求强烈**

农业经营主体贷款难很重要的一个原因就是难于达到银行要求的财产抵押担保条件。由于当前农业经营主体自身收入不高，货币性资产很少，农村的住房、牲畜、土地承包权等还不能普遍成为符合银行抵押担保条件的抵押物，这已成为制约农业贷款的关键问题，所以，很多农业经营主体迫切希望采用信用担保的形式进行贷款。要解决抵押担保的问题，需要一系列相关的法律法规与之相配套，如农村宅基地、土地承包经营权的权属界定及价格评估、社会信用体系的建立以及对每位经营主体的信用评级问题等。

**4. 对银行贷款的需求期望值高，正规金融发展潜力巨大**

由于新型农业经营主体不同于传统的小家小户经营，在生产规模、劳动力水平、机械化水平、产品产量及商品化水平等各方面均有很大提升，需要大规模投入生产资金，只靠单家单户的自我积累是不够的，必须从外部融资。对于外部融资，最好的选择当然是获得银行贷款，不仅利率低、期限长、支持力度大，而且安全可靠、信誉度高。为此，大力发展正规金融机构在农村的服务网点、将民间非正规融资的相关力量纳入金融机构轨道中，将会大大缓解农业融资难的压力。

## 4.3 主要影响因素

大力发展现代农业，需要增加对农业的资金投入，但实际生产中只有为数不多的农业生产者可以如愿地获取银行贷款，相当多的人不能得到或得到的贷款量很少，难以满足农业生产的需求。因此，研究农业生产经营者信贷需求的影响因素非常重要。国内外相关研究主要针对的研究对象是一般农户，生产规模较小，未能充分体现新型农业经营主体进行农业规模化生产的主要特征。本书将使用 2013～2014 年赴黑龙江富锦市、广西田东县、江苏泰州市、宁夏贺兰县、湖北监利县五县市的实地调研数据，对新型农业经营主体的信贷需求影响因素进行分析。

### 4.3.1 主要影响因素及假定

结合经济理论和已有的研究成果，本项研究在变量的选择上，主要选择了"获取农业贷款"作为因变量，自变量包括：种养大户（家庭农场）自身特征（户主的年龄、受教育年限、家庭劳力数）、利率及获利性（贷款利率、种植业、养殖业、种养兼业）、家庭资产（家庭收入）、经营规模、借款经历（钱庄借款、亲朋好友借款）和政策（财政支农补贴、抵押、担保、贷款手续烦琐）等六类变量。

从经营主体特征来看，一般地，这些户主大多从农村信用合作社或邮政储蓄银行获得贷款，这些金融机构地处农村，对农村的风土人情较为熟悉，年龄太小或太大都对贷款意愿和实际得到贷款产生负面影响。学历代表一个人的文化水平，文化水平高的人对国家各项方针政策的理解相对较为深刻，金融机构对其贷款管理相对容易，可能会降低管理成本。农业生产的总投入包括人力投入、物质投入、资金投入以及技术投入等几方面内容，家庭劳力数代表人力投入，在总投入既定的情况下，人力投入高了必然会带来其他几项投入的降低，资金投入可能会减少。

从利率和获利性来看，贷款利率是信贷资金的融资成本价格，根据需求定理，随着贷款利率的升高，贷款量逐渐降低。在贷款利率受到国家控制的情况下，贷款获利性指标就成为能否获得银行贷款的主要指标。本次调研对象主要从事种植业、养殖业以及种养兼业，大田作物成本大、利润低；相对而言，养殖业的利润相对较高，可能比种植业更容易获得贷款；种养兼业由于经营风险相对小，更容易得到贷款。

从家庭资产来看，金融机构经营的最终目的是利润最大化，增加贷款量才能增加贷款利息收入，为了减少不良贷款，对贷款申请人的抵押就成为必需的条件。家庭资产越多，越能提高申贷人的抵押能力，增加获批的可能性。

从经营规模来看，生产经营规模大的专业大户意味着具有较强的生产经营能力和管理能力，生产中需要购置更多的农业生产资料，使用更多的农业机械，也就伴随着更多贷款额度的需求。

从贷款经历和要求来看，私人钱庄贷款是民间非正规借贷的一种形式，一般利息较高，生产经营过程中农民在正规金融机构贷不到款且又急需用钱时才会到私人钱庄贷款。在农村，基于地缘、亲缘以及金融机构贷款的复杂性，很多种养大户不一定是贷不到款而是嫌贷款手续太麻烦，宁可找亲朋好友借款而不去金融机构贷款，从而也会减少金融机构的贷款量。

从政策变量来看，财政支农补贴是每年国家拨付的用于支持农业生产的经费补助，这项收入是稳定的，如果用这项稳定资金做担保，金融机构可能会愿意提供贷款。抵押是以抵押人所有的实物形态为抵押主体，当债务人不能清偿债务时，债权人有权依法将该财产折价或拍卖、变卖，所得价款优先受偿。一般地，拥有符合金融机构要求的抵押品比较容易获得贷款。担保一般发生在经济行为中，是以债务人或第三人的信用或者特定财产来督促债务人履行债务的制度，以确保债权人实现债权。当被担保人到期未偿还债务时，一般由担保人先行履行承诺。一般获得担保就比较容易获得贷款。贷款手续烦琐是很多农民申请贷款时经常遇到的问题，有的农民在申请贷款额度很小时面对如此烦琐的手续，就放弃贷款转而找亲朋好友借款。

## 4.3.2　模型及变量描述

### 1. 模型的选择

本章的研究对象主要是种养大户（家庭农场）的信贷需求问题，包括两个方面：一是贷款意愿是否得到满足，即"得到贷款"问题；二是贷款额度是否得到满足，即"得到多少贷款"问题。本项研究难点是，在未得到贷款的种养大户（家庭农场）中，未得到贷款的人有一部分是有贷款愿望而未得到贷款的，还有一部分没有贷款意愿，自身不需要贷款，但按银行规定完全可以得到贷款的人，这部分人通过问卷无法表达出真实的贷款量，因此不可避免地会存在样本选择偏差的问题，导致贷款需求估计结果的偏差。

对于样本选择中估计模型的偏差问题，赫克曼（1979）构造的两阶段选择模型为解决该问题提供了较好的方法。将该方法运用到本项研究中，第一阶段是 Probit 选择模型，考察种养大户（家庭农场）是否得到贷款的影响因素；第二阶段是线性回归模型，进一步考察种养大户（家庭农场）得到多少贷款的影响因素。

在第一阶段，我们引入种养大户（家庭农场）是否得到贷款虚拟变量，第二阶段将种养大户（家庭农场）得到多少贷款作为被解释变量。因此，我们使用一个二维变量（$d_i$）来表示种养大户（家庭农场）是否得到贷款。具体形式如下，令：

$$d_i^* = a_0 + a_1 X + e \qquad (4.1)$$

其中，$d_i^*$ 表示不可观测的潜变量。且有：

$$d_i \begin{cases} =1 & \text{如果 } d_i^* > 0，\text{得到贷款} \\ =0 & \text{如果 } d_i^* \leqslant 0，\text{未得到贷款} \end{cases} \qquad (4.2)$$

假定 $e$ 独立于 $X$，且服从标准正态分布，因此 Probit 第一阶段选择模型为：

$$\Pr(d_i = 1) = \Phi(a_0 + a_i X_i) \qquad (4.3)$$

式（4.3）是赫克曼第一阶段的 Probit 选择模型，其中 $\Pr(d_i = 1)$ 表示种养大户（家庭农场）得到贷款的概率；$\Phi$ 表示标准正态分布的概率密度函数；$X_i$ 表示影响种养大户（家庭农场）得到贷款的影响因素；$a_i$ 表示回归系数。

赫克曼第二阶段的方程是线性模型，具体模型为：

$$Loan_i = b_0 + b_i Z_i + b_3 \lambda_i + \varepsilon_i \tag{4.4}$$

其中，$Loan_i$ 表示种养大户（家庭农场）得到的贷款量；$b_i$ 和 $b_3$ 表示回归系数；$\varepsilon_i$ 表示残差项；与普通最小二乘法不同的是，该方程中加入了 $\lambda_i$ 项 [逆米尔斯比（inverse Mill's ratio）]，用于克服样本的选择性偏差。

**2. 变量的描述**

该模型共设 13 个变量，变量的统计描述见表 4 - 8。

表 4 - 8 变量的描述性统计分析

| 变量类别 | 变量 | 变量名称 | 变量定义 | 均值 | 标准差 |
|---|---|---|---|---|---|
| 因变量 | $Loan$ | 获得农业产业贷款额度（万元） | | 21.85714 | 17.25664 |
| 农户特征 | $age$ | 户主年龄 | | 43.84615 | 8.547718 |
| | $age^2$ | 户主年龄平方 | | 1976.505 | 755.0942 |
| | $edu$ | 户主受教育年限 | | 9.135135 | 1.724089 |
| | $labor$ | 家庭劳动力（人） | | 2.873874 | 1.308136 |
| 利率及获利性 | $interest$ | 贷款利息 | | 10.91286 | 2.532871 |
| | $indus1$ | 产业类别——种植业 | 1 - 是，0 - 否 | 1 | 0 |
| | $indus2$ | 产业类别——养殖业 | 1 - 是，0 - 否 | 1 | 0 |
| | $indus3$ | 产业类别——种养兼业 | 1 - 是，0 - 否 | 1 | 0 |
| 家庭资产 | $income$ | 家庭收入（万元） | | 63.91892 | 100.0933 |
| 经营规模 | $land$ | 土地（亩） | | 541.0541 | 876.8906 |
| 借款经历 | $bank$ | 钱庄贷款额度（万元） | | 5.027027 | 18.10749 |
| | $relat$ | 亲朋好友借款额度（万元） | | 10.16216 | 24.10905 |
| 政策 | $sub$ | 财政补贴额度（万元） | | 1.023784 | 3.855969 |
| | $mortgage$ | 是否有抵押 | 1 - 是，0 - 否 | 1 | 0 |
| | $warr$ | 是否有担保 | 1 - 是，0 - 否 | 1 | 0 |
| | $proc$ | 贷款手续是否烦琐 | 1 - 是，0 - 否 | 1 | 0 |

### 4.3.3 模型结果分析

根据前面的相关数据分析，得出分析结果见表4-9。

**表4-9** 农业贷款需求相关影响因素分析

| 变量类别 | 变量 | 回归性模型 | | 选择性模型 | |
|---|---|---|---|---|---|
| 农户特征 | 户主年龄（age） | 0.3177549 | (2.021149) | 0.289189 ** | (0.1384991) |
| | 户主年龄（age²） | -0.0040556 | (0.0208885) | -0.002771 * | (0.001474) |
| | 户主受教育年限(edu) | 0.5908141 | (1.411639) | 0.1039701 | (0.082095) |
| | 家庭劳动力（labor） | 2.201737 | (2.032276) | -0.2079199 * | (0.1224761) |
| 利率及获利性 | 贷款利率（interest） | -2.160654 ** | (0.8811144) | | |
| | 种植业（indus1） | -17.18083 *** | (5.448496) | 5.430493 | (3.49853) |
| | 养殖业（indus2） | -3.435558 | (7.231348) | 5.299043 | (3.490191) |
| | 种养结合（indus3） | | | 6.163442 * | (3.468613) |
| 家庭资产 | 家庭收入（income） | 0.0246875 | (0.0437428) | -0.0005414 | (0.0014706) |
| 经营规模 | 土地（land） | 0.0113604 *** | (0.0044196) | -0.0001299 | (0.0001861) |
| 借款经历 | 钱庄借款（bank） | | | 0.0030449 | (0.0089232) |
| | 亲友借款（relat） | | | -0.0035002 | (0.007467) |
| 政策 | 财政补贴（sub） | | | 0.0459612 | (0.0518661) |
| | 抵押（mortgage） | | | 0.8860836 ** | (0.3499335) |
| | 担保（warr） | | | 0.6124103 * | (0.3421759) |
| | 贷款手续烦琐（proc） | | | 0.5909193 ** | (0.2914869) |
| Wald | | 22.30 *** | | | |
| λ 值 | | 8.881376 | | | |

注：***、**、*分别代表1%、5%、10%的显著性水平。
资料来源：根据实地调研数据测算得出。

通过 Wald 的经验结果，各个估计模型均在1%的显著性水平上拒绝了"选择方程和回归方程相互独立"的原假设，从而两个方程是相关的，须同时估计。

在农户特征指标中"户主年龄、家庭劳力数"在"是否得到贷款"问题上统计显著。年龄在正当年的人较容易得到贷款，原因是正当年的人创业机会多，经验丰富，有能力偿还贷款；而且农村地域的金融机构较为熟悉当地的风土人情，对年龄稍大的人的信息掌握更多且更准确，便于管理。家庭劳力数的系数为 -0.2079199，说明家庭劳动力与贷款需求呈反方向变化，家庭劳动力数量增加，其贷款需求降低。这些与变量假设相吻合。

在获利指标中"种养兼业"的农户在"是否得到贷款"问题上统计显著，回归系数为 6.163442，说明种养兼业较容易得到贷款。因为在农业生产中，无论是从事种植业，还是从事养殖业，都会由于自然力或一些不可抗力而蒙受经营风险，如果从事种养兼业，就会分解来自种植业或来自养殖业的风险，蒙受风险损失也会较小，相应贷款的不良贷款率就会降低。这与变量假设相吻合。

在政策指标中"抵押、担保、熟悉贷款烦琐手续"方面，这三个变量在"是否得到贷款"问题上统计显著，系数均为正，分别为 0.8860836、0.6124103、0.5909193，说明能提供抵押、担保、熟悉贷款烦琐手续的人得到贷款的概率大。但是在实际生产经营中，由于现今的法律法规对贷款需有相应的抵押与担保的刚性规定，贷款申请人往往没有足够的抵押担保品，不能满足金融机构的贷款要件，使他们被拒绝在银行大门之外，生产经营资金得不到有效的补充。根据这一模拟结果，要想增加农民的贷款可得性，需要从法律层面对抵押担保条件加以改革，降低贷款门槛。这与变量假设相吻合。

获利指标中"贷款利率、从事种植业"在"获得贷款量"问题上统计显著，系数均为负，分别为 -2.160654、-17.18083，说明贷款利率、从事种植业均与"获得贷款量"呈反方向变化，即在贷款利率高、从事种植业的情况下得到的贷款量少。这与变量假设相吻合。贷款利率高，农户不愿意增加融资成本而不愿意贷款；从事种植业的风险大且利润率低，金融机构不愿意贷款。

经营规模指标"土地"在"获得贷款量"问题上统计显著，系数为 0.0113604，说明经营规模与获得贷款量呈正方向变化，经营规模越大，得到的贷款量越多。这与变量假设相吻合，验证了规模化生产需要规模化投入的理论观点。

户主受教育年限、家庭收入、钱庄借款、亲朋好友借款、财政补贴在"是否得到贷款"和"得到多少贷款"两个问题均为统计不显著。受教育年限的系数均为正，说明受教育年限多对贷款有更加深刻的认识，对申请贷款起一定的促进作用。家庭收入不显著可能是因为种养大户的贷款需求是刚性的，不论收入的高低均对贷款有强烈的需求。钱庄借款、财政补贴系数为正，说明其他资金渠道的丰富也应对贷款获取起促进作用，但其不显著可能是由于数额较小，从而对整个农业贷款量影响不大。亲朋好友借款一般额度相对较大，一些种养大户由于在金融机构得不到贷款就转而向亲朋好友借款，亲朋好友借款多了势必会使金融机构贷款量减少。

通过上述分析可以看到，对"是否可得到贷款"阶段的关键影响因素主要是农户特征指标（年龄、家庭劳力）、行业获利指标（种养兼业）和政策指标（抵押、担保、贷款手续），对于"得到多少贷款量"阶段的关键影响因素主要是利率及获利指标（贷款利率、从事种植业）、经营规模（土地面积）。让种养大户得到贷款要从加强贷款申请人自身诚信建设、降低生产经营风险、完善与抵押担保有关的国家政策、扩大种养大户的生产规模、降低贷款利率等方面入手。

根据分析结果，提出如下政策建议：一是鼓励种养大户（家庭农场）从事种养结合的兼业化生产，加快农业保险的进一步发展；二是适当降低农业贷款利率，增加农业贷款量；三是对相关政策规定进行修改与完善，扩大农业抵押品的覆盖面；四是加大财政补贴的支持力度，撬动更多信贷资金；五是加强诚信体系建设与贷款知识的培训，提高农业生产大户的综合素质。

## （4.4） 本章小结

本章主要围绕农业发展中的新型农业经营主体的信贷需求情况论述了三个方面的内容：一是现状；二是主要问题；三是影响因素（以种养大户为例）。

关于农业信贷需求现状，主要围绕三类农业经营主体展开，即种养大户（家庭农场）、农业专业合作社、农业企业。种养大户（家庭农场）、农业企业的分析资料主要来自 2014 年赴江苏泰州市、湖北监利县、广西田东县、宁夏贺兰县和黑龙江富锦市的实地调研材料以及相关参考文献；农业专业合作社的分析材料主要来自相关参考文献。通过分析得出，种养大户（家庭农场）的生产信贷需求现状是：生产资金需求缺口大，对正规金融机构信贷资金需求旺盛；生产经营资金绝大部分来自民间非正规借贷，金融机构银行贷款覆盖率低；银行贷款融资难、融资额度小的现象依然存在，融资成本高低差异较大；低收入人群获银行小额贷款顺畅，而大规模种养大户获取银行贷款受阻；种植大户资金缺口大，不易获得银行贷款。农业专业合作社的生产信贷需求现状：信贷需求量大，资金满足率低；正规金融机构提供资金有限，民间非正规借贷成为有力补充；贷款需求规模趋升，正规金融机构备受青睐；融资成本高，财政支持的力度与效率不高。农业企业的生产信贷需求现状：贷款总量有了较大幅度的增加，但银行存款贷款覆盖面仍然较低；贷款力度凸显国有大型商业银行优势，民间非正规借贷成为有力补充；资金缺口逐年加大，融资成本偏高。

　　通过对上述三类农业经营主体生产信贷需求现状的分析，得出农业产业信贷需求存在的主要问题表现在：银行贷款需求缺口大，农业新型经营主体贷款难仍在持续；民间非正规融资需求占有相当大比重，融资成本居高不下；抵押担保条件成为银行贷款的制约要件，信用贷款需求强烈；对银行贷款的需求期望值高，金融机构的农业信贷发展潜力巨大。

　　农业经营主体的信贷需求实现包括两个方面的问题，即"是否得到贷款"和"得到多少贷款"。本书以种养大户（家庭农场）的相关调研数据为例，采用了赫克曼（1979）两阶段选择模型法，第一阶段是 Probit 选择模型，考察种养大户（家庭农场）是否得到贷款的影响因素，第二阶段是线性回归模型，进一步考察种养大户（家庭农场）得到多少贷款量的影响因素；选择农业生产贷款量作为因变量，种养大户（家庭农场）户主年龄及学历、家庭劳力数、家庭收入、土地、产业类别、财政支农补贴、钱庄借款、亲朋好友借款、抵押、担保、贷款手续烦琐等作为自变量。通过分析得出，农户特征指标（户主年龄、家庭劳力数）、获利指标（从事种养兼业）、政策指标（抵押、担保、熟悉贷款的烦琐手续）对"是否得到贷款"影响显著，正当年的人、从事种养兼业的人、拥有抵押担保条件且熟悉贷款烦琐手续的人较容易得到贷款。关于"得到多少贷款量"的问题，利率及获利指标（贷款利率、从事种植业）、经营规模指标（土地）成为关键影响指标，经营规模的扩大可以得到更多的贷款，而贷款利率的提高、从事种植业将使贷款量降低。

为此，应鼓励种养大户（家庭农场）从事种养结合的兼业化生产，加快农业保险的进一步发展；适当降低农业贷款利率，增加农业贷款量；对相关政策规定进行修改与完善，扩大农业抵押品的覆盖面；加大财政补贴的支持力度，撬动更多信贷资金；加强诚信体系建设与贷款知识的培训，提高农业生产大户的综合素质。

# 第 5 章

# 现代农业发展的农业信贷资金供给分析
## ——基于金融机构视角

如前所述，金融服务是农业发展的因，农业发展需要金融资金服务，这就需要有足够的金融资金供给量以保证发展农业所需的基础设施改造、农机设备更新、科学技术示范等，而当前的金融资金供给情况如何，能否保证与满足需要就成为下一步关键的任务。本章将从金融机构金融信贷资金的供给现状、存在问题、影响因素等方面展开论述。

## 5.1 供给现状

当前，发展农业所需的金融机构信贷资金供给体系主要由三部分构成，即农业政策性金融机构（中国农业发展银行）、农业商业性金融机构（中国农业银行、中国邮政储蓄银行、村镇银行、小额信贷公司等）、农业合作性金融机构（农村信用合作社、农村商业银行、农村合作银行、农村资金互助社等），这三部分虽然在资金支持方向、支持重点、支持对象等方面各具特色，但都对农业的发展发挥着强有力的促进作用。

### 5.1.1 农业政策性金融机构

中国农业发展银行是中国唯一的农业政策性银行，于 1994 年 11 月挂牌成立。白钦先（1999）对政策性金融的定义是："在政府的支持和鼓励下，以国家信用为基础，严格按照国家规定的范围和对象，以优惠的存贷款利率或条件，直接或间接为贯彻、配合国家特定经济和社会发展政策而进行的一种特殊性资金融通行为。"所以，政策性金融的核心是体现国家的整体利益，实现国家宏观经济发展目标，这也是有别于商业性金融和合作型金融的显著特点。

**1. 业务范围不断拓展**

自 1998 年起中国农业发展银行主要对粮棉油收购资金进行封闭式管理，2004 年以后，随着农业生产对资金需求进一步增加，其业务范围也随之拓宽。作为资金支持对象的粮棉油购销企业已由单一的国有制拓展为多种所有制结构，另外还增加了粮棉油龙头企业及加工业的贷款；从 2007 年起增加了农业综合开发贷款、农村基础设施建设贷款、农业生产资料贷款等新品种。目前已经形成了以粮棉油借贷为主，农业产业化借贷和农业中长期借贷为辅的业务格局。

**2. 贷款规模呈前缓后增的发展态势**

从贷款量来看，1998～2013 年，中国农业发展银行提供农业信贷资金从 7094.68 亿元上升到 25027.00 亿元，年平均增长速度为 8.77%。从图 5 - 1 中可以看到，1998～2004 年贷款额一直较为平缓，从 1998 年的 7094.68 亿元到 2004 年的 7189.83 亿元，年平均增长速度只有 0.22%。2005～2013 年贷款额呈直线上升态势，从 2005 年的 7870.72 亿元上升到 2013 年的 25027 亿元，年平均增长速度为 15.56%，这与近十年来国家重视"三农"发展、加大对农业投入力度、农发行不断拓展农业贷款业务范围相吻合（见图 5 - 1）。

**3. 贷款结构中粮棉油贷款为主体、其余贷款为补充**

中国农业发展银行的主要农业贷款业务包括：粮油贷款、棉花贷款、新农村建设贷款、水利建设贷款、农业农村基础设施建设贷款等。2012～2013 年各种贷款情况如图 5 - 2 所示。作为贷款主体的粮油贷款，2013 年达到

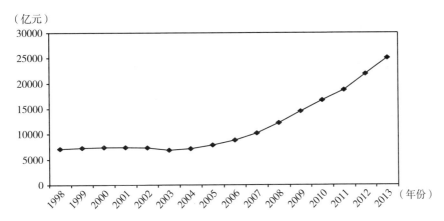

**图 5 - 1　1998 ~ 2013 年中国农业发展银行贷款额**

资料来源：1998 ~ 2011 年数据来自《中国金融年鉴》，2012 ~ 2013 年数据来自《中国农业发展银行年度报告》。

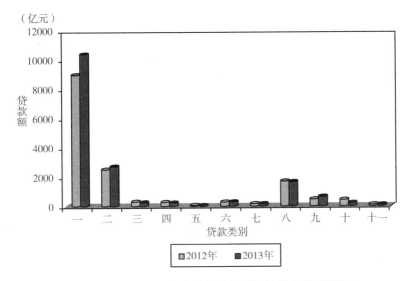

**图 5 - 2　2012 ~ 2013 年中国农业发展银行贷款类别及数额**

注：贷款类别解释：一，粮油信贷；二，棉花信贷；三，农业生产资料贷款；四，专项储备贷款；五，农业小企业贷款；六，林业、水果、中药材、园艺、茶等产业化龙头企业贷款；七，糖、丝、麻、烟、毛绒产业化龙头企业贷款；八，新农村建设贷款；九，水利建设贷款；十，其他农业农村基础设施建设贷款；十一，农村流通体系建设贷款。

资料来源：《中国农业发展银行年度报告》。

10374.54 亿元，占农发行贷款总额的 41.45% ；其次是棉花贷款，2013 年达到 2711.92 亿元，占 10.83% 。这两项贷款合计占当年贷款总额的一半以上。其余九项贷款 2013 年共 3636.45 亿元，占当年贷款总额的 14.53% 。

从 2012 年与 2013 年两年的贷款结构情况比较来看，上述贷款的总体规模 2013 年比 2012 年增加 9.4%，其中增长最多的是水利建设贷款，增加了 37.93%；其次是粮油贷款，增加了 15.76%。下降幅度最大的是其他农业农村基础设施建设贷款和农业小企业贷款，分别下降了 50.07% 和 25.42%。

## 5.1.2　农业商业性金融机构

商业金融机构是以资金为载体、以营利为目的、通过提供各种金融产品或服务来获取利润的法人机构，主要包括银行、证券公司、保险机构等。中国农业银行是与广大农民接触历史最长、接触最多的商业金融机构，近些年随着经济体制改革的不断深入，中国邮政储蓄银行拓展了农村信贷业务，一些农村新型金融机构（如村镇银行、小额贷款公司等）也在中央政策的倡导下应运而生。随着四大国有商业银行在农村和一些小城镇的营业网点陆续被拆并、撤出，目前仍在农村开展业务的国有银行分支机构寥寥无几，地处农村的中国邮政储蓄银行在农村吸收了大量存款，但向农村发放贷款额微乎其微，大部分资金"外流"。相关研究表明，近年来每年约有 4000 亿元左右的农村资金从金融和邮政储蓄等渠道流出农村（何广文、欧阳海洪，2003）。

### 1. 中国农业银行

中国农业银行是新中国第一家国有商业银行，成立于 1951 年，历经"四起三落"，截至 2019 年底，资产已达 248782.88 亿元，各项存款 185428.61 亿元，各项贷款及垫款 133601.88 亿元，境内分支机构共计 23149 个，包括总行本部、总行营业部、3 个总行专营机构、4 个培训学院、37 个一级（直属）分行、390 个二级分行（含省区分行营业部）、3445 个一级支行（含直辖市、直属分行营业部和二级分行营业部）、19216 个基层营业机构以及 52 个其他机构。目前中国农业银行已经发展成为我国最大的涉农商业银行。

（1）设立专门服务"三农"的机构——"三农金融事业部"。按国务院要求，为更好地为农村、农业、农民提供服务，中国农业银行设立"三农"金融部，对"三农"和县域业务实行事业部制管理。从 2008 年 3 月起，开展"三农金融事业部"改革试点工作，针对不同区域发展特点，从东、中、西部三类不同地区分别选取部分一级、二级分行开展工作。2010 年 5 月扩大了试点银行的范围，确定四川、重庆、湖北、广西、甘肃、吉林、福建、山东共 8 个省（区、市）分行下辖的 561 个县域支行作为试点行，深化改革工作。中国人民银行于 2011 年 9 月印发《中国人民银行关于扩大中国农业银行"三农金融事业部"改革试点范围等有关事项的通知》，进一步扩大试点范围，包括中国农业银行在黑龙江、河南、河北和安徽 4 个省的 370 个县域支行。目前，改革试点工作取得了重要的阶段性成果：初步探索出符合"三农"需要的可持续新模式；基本厘清"三农金融事业部"的机构和业务边界；监管费减免、差别化存款准备金率、营业税减免等扶持政策基本落实到位；基本达到预期的政策目标。

（2）贷款总额与农业贷款总额呈两极分化态势。中国农业银行重建于 1979 年，开始时的服务对象是乡镇企业和农业经营机构，在业务上与农户几乎没有直接的接触，20 世纪 80 年代中期前，农业银行在农村集中了 98% 的贷款，90 年代初为解决农产品销售和扶持乡镇企业，农业银行将 60% 的贷款投向农副产品收购和乡镇企业发展（张红宇，2004）。随着金融体制改革的不断推进，1993 年政策性业务转入中国农业发展银行，农信社也于 1996 年与农业银行脱钩，农业银行成为彻底的商业银行，其贷款结构逐渐从农村和农业转而投向城市和沿海发达地区（杨明生，2003）。

从 1979 年起，农业银行的贷款额一直是呈上升趋势，且增长速度很快，从 1979 年的 410.97 亿元到 2013 年的 72247 亿元，年均增长 16.42%。而农业贷款一直增长幅度不大，从 1979 年的 99.98 亿元发展到 2013 年的 1133.25 亿元，年均增长 7.4%，远远落后于贷款总量的增长。同时从农业贷款的发展轨迹看，在 2003 年农业贷款取得最高值之后，2004～2011 年农业贷款数持续下降，到 2011 年不足 600 亿元，2012～2013 年缓慢上升，2013 年农业贷款已上升至 1100 多亿元（见图 5 - 3）。

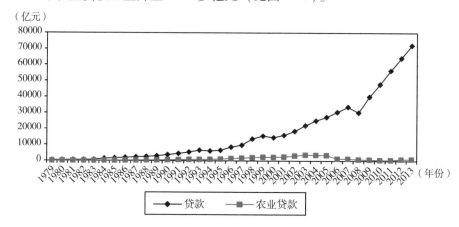

**图 5 - 3　1979～2013 年中国农业银行投放贷款额与农业贷款额**

资料来源：（1）1979～2008 年贷款额来源于《中国农业银行统计年鉴（1979～2008）》，2009～2013 年数据来源于历年《中国农业银行年度报告》。

（2）1979～2005 年农业贷款数据来源于《中国农业银行统计年鉴（1979～2008）》中农业贷款数；2006～2007 年农业贷款数据来源于《中国金融年鉴》；2008 年农业贷款数据来源于《中国农业银行统计年鉴（1979～2008）》中农林牧渔业贷款、城市企业及各类组织涉农贷款中的农林牧渔业贷款、农村企业及各类组织贷款中的农林牧渔业贷款、农户贷款中的农林牧渔业生产贷款；2009～2013 年农业贷款数额根据历年《中国农业银行年度报告》中"其他支出贷款（主要包括农、林、牧、渔业，教育业以及住宿和餐饮业）"分析计算得出。

（3）创新农户融资贷款及支付结算手段。创新农户融资贷款方式，通过发行使用"惠农卡"，对符合条件的农户"一次授信，循环使用，随借随还"。创新支付结算方式，增加在农村的结算网点及结算工具，为农民的转账及结算业务提供更多的便利，例如，在小超市、农资店、卫生所、农村服务站等建立自助金融服务站，集中布放转账电话、POS 机、"金益农"自助服务终端等电子设备，将银行卡的受理网络扩大到更加偏远的农村。

### 2. 中国邮政储蓄银行

中国邮政储蓄银行（以下简称"邮储银行"）于 2007 年初正式挂牌成立，开始探索按照商业化原则服务农村的有效模式。几年来，在农村地区开展的小额贷款业务发展迅速。

（1）利用网点优势提供基本农村金融服务。中国人民银行相关数据显示，在 30 个省（自治区、直辖市）的县级区域，网点覆盖率达到 100%。这些营业网点除提供储蓄和汇兑业务外，还为农村地区提供代理保险，代收农村电费、电话费和有线电视费等服务；还可办理代发粮食补助金、退耕还林款和计划生育奖励金等各种业务。截至 2013 年底，储蓄余额达到 5.2 万亿元。此外，还开办了"新农保"业务和银行卡助农取款等金融服务业务。

（2）开发"支农支小"为定位的多种涉农贷款形式。在支持农村小额贷款方面先后开发了农户小额贷款、农户联保贷款、商户小额贷款、商户联保贷款等四个基本贷款品种，此外，还开发了扶持具有地方经济特色的设施农业贷款、再就业小额担保贷款、烟农贷款、蔗农贷款、"粮农宝"农户直补资金担保贷款等产品。为降低农户的融资成本，邮储银行专门对小额贷款客户采取了"无手续费提前还款"和"老客户利率优惠"等一系列利率优惠措施。

在支持小微企业方面，连续推出了房产抵押贷款、林权抵押贷款、渔船和运输船抵押贷款、仓储房产（冷库）抵押贷款、集体土地性质房产抵押、动产质押等多种贷款产品。

### 3. 其他新型农业商业性金融机构

（1）村镇银行。村镇银行是依据有关法律、法规批准成立的，出资人可以是境内外金融机构，也可以是境内非金融机构企业法人和自然人，服务对象是面向"三农"发展。2007 年 1 月《村镇银行管理暂行规定》发布，村镇银行正式成为农村金融市场的组成部分。

针对村镇银行成立时间短、财务压力大等困难，2009 年财政部出台《中央财政新型农村金融机构定向费用补贴资金管理暂行办法》，对于上年贷款平均余额同比增长、上年末存贷比高于 50% 且达到银监会监管指标要求的村镇银行，按其上年贷款平均余额的 2% 给予补贴。村镇银行坚持立足三农、服务农户和小微企业为市场定位，经过多年努力，村镇银行取得了显著发展。根据银行业协会信息显示，截至 2018 年底，村镇银行已覆盖全国 1286 个县，县域覆盖率达 70%；农户和小微企业贷款合计占比 91.18%，户均贷款余额 34.15 万元。村镇银行大多设立在农村，由于农村经济不发达，贫困人口多，使得村镇银行的资产规模大都比较小，且存款规模也相应较小（农村存款主要被农村信用合作社和中国邮政储蓄银行吸收），资金实力较弱，网点设立少，一些广受客户欢迎的新型业务受条件限制无法开办。村镇银行在贷款结构上对农林牧渔业的贷款明显偏低，只占到全部贷款余额的 24%，这种状况与设立村镇银行的初衷存在一定程度的背离。

（2）小额贷款公司。小额贷款公司的投资人可以是自然人、企业法人，也可以是其他社会组织，在业务上不吸收公众存款，其组织形式可以是有限责任公司、股份有限公司。2008 年 5 月银监会制定并发布了《关于小额贷款公司试点的指导意见》，小额贷款公司正式步入金融市场。

小额贷款公司在为"三农"提供金融服务方面发挥了积极的作用，填充了部分县域金融服务的空白，一定程度上引导和规范了民间投资的健康发展。财政部在充分调研的基础上提出，在试点地区符合监管条件的县域小额贷款公司，其涉农贷款年度平均余额同比增长超过 15% 以上的部分，按 2% 的比例给予奖励。中国人民银行相关资料显示，截至 2018 年 6 月末，全国共有在册小额贷款公司 8394 家，实收资本 8449.23 亿元，贷款余额 9762.73 亿元，从业人员 99502 人。

## 5.1.3 农业合作金融机构

### 1. 农村信用合作社（包括农村商业银行和农村合作银行）

为了打击农村高利贷，新中国成立初期，农村信用合作社应运而生，经过银行对农村信用社管理权的合并与放开，其业务规模几经沉浮后得到迅速发展，日益成为农业融资的主要力量。改革开放后，农村信用社实行独立经营、独立核算、自负盈亏的运行方式，随后对其进行商业化改革，组建农村信用县级联社，逐渐与中国农业银行脱钩，其业务由农村信用社县级联社和中国人民银行共同管理。在农村地区，农村信用社是我国目前分支机构最多的正规金融机构，其分布几乎覆盖所有乡镇，成为正规金融机构中向"三农"提供金融服务的核心力量。随着产权制度的不断深化改革，部分农村信用社已发展成为农村合作银行，进而发展成为农村商业银行。

（1）农村信用社机构网点数量近年来锐减。农村信用社作为农村最主要的金融机构，其机构网点在农村的覆盖率也是最高的，1988～1998 年间全国每个乡镇均拥有一家农村信用社法人机构。《中国人民银行关于印发〈加强农村信用社监管工作的意见〉的通知》明确提出，从 1998 年起，农村信用社机构管理要控制总量、调整结构、规范管理、提高质量，力争经过 2～3 年的努力，使全国农村信用社机构布局基本合理，机构质量明显提高。1998 年全国农村信用社机构规模要以 1997 年底全国农村信用社机构数量为基数，法人机构数量实现零增长，营业网点数量控制在一定规模之内。一些规模过小、亏损严重的农村信用社被降格合并，难以维持经营和生存的营业网点被撤销。到 1998 年底，农村信用社法人机构数量减为44258 个，较 1997 年的 50513 个减少了 6255 个，之后几年每年都比上年减少 2000 个左右，到 2004 年，法人机构数已降到 32888 个（见图 5－4）。

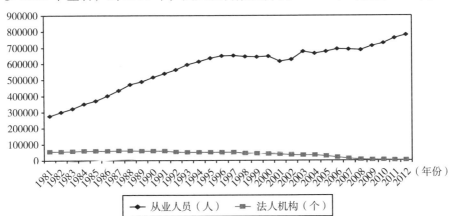

图 5－4　农信社的从业人员及法人机构数量情况

注：由于 2003 年起中国人民银行下发了《深化农村信用社改革试点方案》，农信社进行机构改革，部分农信社改制成为农村合作银行或农业商业银行，故 2005 年起农信社农业贷款总额等于农信社农业贷款与农商行农业贷款合计，法人机构数也是农信社、农村合作银行、农村商业银行的合计数。

资料来源：历年《中国金融年鉴》。

农村信用社法人机构数的减少还与 2003 年中国人民银行出台《深化农村信用社改革试点方案》有关，该试点方案提出，对信用社实施产权制度改革，因地制宜实行合作制、股份合作制、股份制等制度，随后农村信用社改革的机构设置出现三种形式：一是传统意义的农村信用社；二是在农村信用社基础上组建的农村合作银行；三是在农村信用社或农村合作银行基础上组建的农村商业银行。所以，在本书中农村信用社的机构统计、贷款额统计实际上包含了上述三部分内容。该试点方案进一步明确提出了要加快对高风险信用社实行兼并和重组的步伐。因此，2005 年农村信用社法人机构数又一次锐减，从 2004 年的 32888 个减少到 2005 年的 27171 个，减少了 5717 个，到 2008 年减少到 5150 个。如此低的机构覆盖率使得农民贷款需求很难得到满足。

（2）在农业贷款方面已成为支农的主导力量。随着金融机构商业化改革的不断深入，由于农业生产的不稳定、交易的高成本以及信息的不对称等因素，以利润最大化为目标的商业银行逐渐减少了对农业的信贷支持力度。而农业发展银行虽然业务范围在不断拓展，但主要支持对象是大宗农副产品收购以及支持产业化龙头企业，使得最基层的农户得到贷款的概率几乎为零。因此，农村信用合作社地处农村，与农民的距离最近，对农民的生产经营情况比较容易掌握，降低了交易成本和信息不对称的风险，一定程度上满足了农民的贷款需求，尤其是一些小规模农户的贷款需求，成为农业生产最重要的信贷资金源泉。《中国金融年鉴》数据表明，近些年农村信用社为农业生产提供的信贷支持额度在金融机构的农业贷款中一直持续在 60% 以上（见图 5-5），最高时达到 86%，名副其实地成了农业生产的"资金助推器"。

（3）贷款结构中农业贷款比例较低。由于受到农业生产自身的风险性和农民贷款抵押的影响，农民在农村信用社获得贷款也是不容易的。从农村信用社贷款结构上看，近十年农村信用社的农业贷款所占比例一直徘徊在 40% 左右（见图 5-6），其余贷款均为乡镇企业贷款和农业工商业贷款。但农业生产主体数量多，对贷款的需求大，40% 的农业贷款比例远远小于需求。

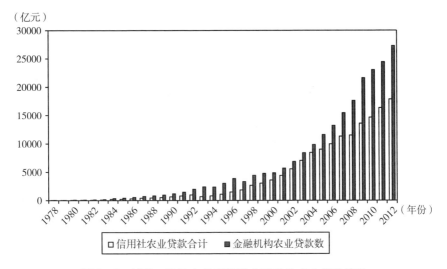

**图 5 – 5　1978～2012 年信用社及金融机构农业贷款情况**

资料来源：（1）2008～2012 年农业贷款数根据 2005～2007 年《中国金融年鉴》的农信社农业贷款占贷款总额的比例推算得到。

（2）2008～2012 年工商业贷款数根据 2006～2007 年《中国金融年鉴》的农信社工商业贷款占农信社农业贷款总额的比例计算得到。

（3）2005～2012 年农商行农业贷款数按《中国金融年鉴》2002 年江阴等市农业商业银行农业贷款占短期贷款比例计算得到。

（4）由于 2003 年起中国人民银行下发了《深化农村信用社改革试点方案》，农信社进行机构改革，部分农信社改制成为农村合作银行或农业商业银行，故 2005 年起农信社农业贷款总额等于农信社农业贷款与农商行农业贷款合计，法人机构数也是农信社、农村合作银行、农村商业银行的合计数。

（5）其余数据来源于历年《中国金融年鉴》。

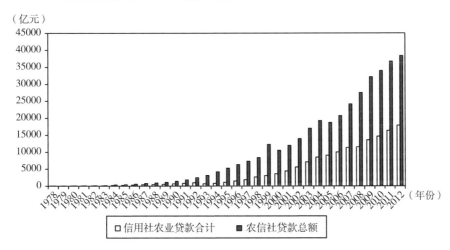

**图 5 – 6　1978～2012 年农信社贷款总额与农业贷款额**

资料来源：同图 5 – 5。

### 2. 农村资金互助社

农村资金互助社是经国家相关法律法规批准成立、由参股人自愿入股组成的银行业金融机构，入股人可以是乡（镇）、行政村农民和农村小企业，其业务是社区互助性的，即为社员提供存款、贷款、结算等。2007 年 1 月银监会制定并发布了《农村资金互助社管理暂行规定》，农村资金互助社正式在农村金融市场出现。

针对农村资金互助社成立时间短、财务压力大等困难，2009 年财政部出台《中央财政新型农村金融机构定向费用补贴资金管理暂行办法》，对于上年贷款平均余额同比增长且达到银监会监管指标要求的农村资金互助社，按其上年贷款平均余额的 2% 给予补贴。截至 2012 年底，全国共设立农村资金互助社 49 家（已开业 49 家）。农村资金互助社可以发挥其在社区内的信息优势以及信用优势，一定程度上缓解了农户贷款难问题，并能吸引更多的信贷资金和社会资金投向农业领域。

## 5.2 存在的主要问题

### 1. 农业信贷资金供给规模严重不足、结构失调

首先表现为农业政策性金融服务力度不足。中国农业发展银行的业务范围很宽泛，涉及粮棉油购销储贷款、农业生产资料贷款、专项储备贷款、水利建设贷款、农业农村基础设施建设贷款等，但信贷资金量很有限，且主要是粮棉油贷款，其他类别的贷款额微乎其微。随着支持"三农"的业务不断拓展，中国农业发展银行的贷款额也在迅速增加，但平均到县、乡镇就很少了。其次是商业金融机构的"农贷改向"。由于农业生产固有的弱质性、农业贷款的交易高成本以及借贷双方的信息不对称等原因，尽管近几年国家非常重视对"三农"事业的支持，投入了较多的资金，但是以追求利润率为目标的商业性金融机构不愿意将有限的信贷资金贷给农业，而是流向了工商业。尽管发展农业生产有着强

大的资金需求，农民也获取不到足额的贷款，甚至根本就得不到贷款。这与农林牧渔业为国民经济总产值所做的贡献形成巨大的反差。还有一种情况是"资金外流"，即在农村从农民手里吸收的存款没有形成支持农业生产的贷款，而是"农转非"流出了农村。上述情况的存在导致农村中农业产业生产的信贷资金缺口很大，由于缺乏资金，使得一些生产主体不得不向私人钱庄、高利贷等借入资金，不仅利息高，而且还存在不安全因素。

### 2. 农业信贷管理机制与实际需求相背离

首先表现为信贷资金审批程序与农贷需求的矛盾，这种矛盾表现为三个方面。一是抵押品问题。农业信贷一般需要担保或抵押，但根据现在有关抵押的规定，农民的宅基地、土地承包权不能作为抵押品，这使得很多农民拿不出符合条件的抵押物，农贷需求得不到满足。二是信贷审批时间问题。为了减少农业生产给农业信贷带来风险、有效降低不良贷款率，农业信贷资金的审批一般需要严格的审批手续，程序复杂且审批时间长，有时贷款审批下来已经延误了农时。三是对农业信贷的有效需求问题。农村中大部分农民未受到过良好的教育，文化程度很低，很难理解和掌握贷款的复杂程序与条款，因而未向金融机构提出信贷需求。其次是获批农业贷款的信贷期限、信贷额度与需求相矛盾。农民获批的农业贷款一般是限期短、额度小，以自然年度、自然月份为计量单位，按年度发放，按月份付息，但是农业生产一般是本年春耕开始投入资金，下一年才能将农产品卖出，农民用款和还款时间与信贷时间出现错位。另外，现代农业是以规模化生产为特点的，生产规模化要与资金投入规模化相匹配，这与小额农业贷款相矛盾。

### 3. 农业信贷基础服务资源缺失

获得农业信贷基础服务，离不开信贷机构和信贷人员，但现在基础服务还存在着缺失和错位。政策性银行的主要业务是大宗粮棉油信贷业务、龙头企业贷款以及基础设施贷款等，一般不和个体农民打交道；农业银行受利润最大化、资源配置等商业运作因素的影响，在其他商业银行纷纷在农村撤并机构网点的背景下，非但没有在农村地区加强自身力量，反而也是随同其他商业银行一起撤离了农村，减小了农业贷款的力度，使得农信社在正规金融机构中"一支独秀"。涉农金融机构（主要包括农村信用社、农村商业银行、农村合作银行、村镇银行、贷款公司、农村资金互助社）在 2014 年底拥有法人机构为 3566 家、营业网点 81397 个、从业人员 889845 人。这些基础服务力量对于分散且众多的农业生产者、烦琐的贷款审批程序、严格的贷后监管来说很是薄弱。

**4. 农村合作金融发展日趋萎缩**

合作金融是按合作制原则组建起来的一种金融组织形式，但农村信用社在现实的运营中其合作制的性质已慢慢褪色，伴随着更多的商业化气息。比如民主管理、一人一票，实际上都是官方运作，群众几乎享受不到这样的权利；自主经营、自担风险，实际上也是有国家整体的金融管理作后盾。这些导致农信社在经营管理、利益分配等方面均不能体现合作制的性质，一定程度上已成为商业化运营的官方金融机构。农村资金互助社是近几年才出现的新型金融主体，发展时间短、数量少、规模小，远不能适应实际需要。

## 5.3 主要影响因素

从前面章节的相关分析可以发现，金融机构信贷对现代农业产业的发展无疑是起到了重要的推动作用，但也应看到金融机构农业信贷的供给还存在相当大的缺口，远远不能满足现代农业生产对资金的需求。当然，产生资金供给不足问题的原因是多方面的，有国家政策调控方面的，也有金融机构管理体制方面的。如何找到该问题的切入点，在政策、管理机制方面采取适合的手段加以调整已成为当务之急。

现有文献虽然对农业产业信贷资金供给不足问题进行了大量的讨论与

研究，但从金融机构本身特点出发来研究农业贷款供给问题还需补充与完善。本书将从金融机构层面的资产、负债、利润、机构、人员因素，国家宏观政策层面的准备金率、贷款利率以及财政支农水平、工农业产值增速比，以及农民层面的农业收入占家庭纯收入的比重等为分析指标，研究金融机构农业信贷供给不足的影响因素问题。

### 5.3.1　主要影响因素及假设

总体来看，农村金融对农业和农村经济的快速发展起到了强大的支撑作用，但金融机构农业信贷供给不足的问题已经严重阻碍现代农业的发展。在开放经济的条件下，资本对市场的反应异常敏锐，在利润最大化目标的驱使下，金融机构的存款、自身特征、经营状况、利率及行业增长状况、政策变化等均会使农业信贷资金供给受到影响。本书将采用多元回归的方法，对影响金融机构贷款供给的因素进行分析。具体来说，金融机构提供的农业贷款量作为因变量，以下影响因素作为自变量。

（1）金融机构存款，金融机构对外贷款的资金来源于存款，存款额度大意味着可有更多的资金用于发放贷款。

（2）利率与行业效益。贷款利率即贷款成本，对于金融机构来讲，贷款利率高意味着可收回更多的贷款利息，可增加营业收入；如果贷款申请人认为贷款利率过高，担心不能还款，也会影响其对贷款额度的申请。在贷款利率受控的情况下，行业比较收益就成为决定银行是否贷款的关键因素，主要的指标考虑两项：一是工农产值增速比，高产出伴随着高投入，农业产值增幅快，意味着农业的快速发展、农业投入的大幅增加，农业信贷作为农业资金投入的一部分也必然快速增长；二是农业收入占农民家庭收入比，如果农业收入在农民家庭收入中的比重较大，则说明农民家庭中是以从事农业生产为主，对农业生产资金需求会更大，相应的农业贷款量也应更大。

（3）金融机构的经营状况。金融机构是企业，利润最大化是其发展壮大的最终目标，所以它的一切经营活动都是围绕这个终极目标而展开的，如果开展的项目没有利润或利润很少，都会使金融机构失去积极性。鉴于农业生产风险大、盈利性差等原因，金融机构在信贷资金量有限的前提下一般不会优先考虑农业贷款，只有在利润足够大或在国家相关政策倡导下才有可能转向农贷。

（4）机构特征。为农民提供金融机构贷款时需要有资质的金融机构，没有一定实力的金融机构无法完成上述任务，资产额将在一定程度上说明自己具有资金实力和物质保障条件，如货币资金、固定资产、存货等。具体的信贷业务应由专门的机构和人员来操作，从事信贷的机构、人员多，相应涉及贷款的地域覆盖面就大，贷款量也就相应增加，各种信贷管理工作也就更加规范。资产和人员越多，越有能力为农业提供贷款。

（5）政策因素。银行准备金是指金融机构为保证客户提取存款和资金清算需要而准备的，是缴存在中央银行的存款。银行准备金率就是中央银行要求的存款准备金占其存款总额的比例。如果银行准备金率过高，势必造成银行可用于放贷的资金量减少。财政支农资金是指国家财政支出中直接用于支援农业生产或用于与农业生产密切相关事项的资金。这些财政支持在一定程度上为农业生产经营者获得贷款提供了条件，如可提供相应担保等。

金融机构主要选择有农业贷款业务的中国农业发展银行、中国农业银行、农村信用社（包括农村商业银行、农村合作银行）和中国邮政储蓄银行。金融机构资产、存款、利润、法人机构、人员、银行准备金率、贷款利率、财政支农水平等数据来源于历年《中国金融年鉴》，工农产值增速比、农业收入占农民家庭收入的比值根据《中国统计年鉴》相关数据计算而得。数据期间为1985～2011年，共27年。

## 5.3.2　模型及变量描述

根据本书的研究目标和研究框架，建立金融机构信贷供给影响因素的理论模型为：

$$yt = \beta_0 + \beta_1 x_{1t} + \beta_2 x_{2t} + \cdots + \beta_p x_{pt} + \varepsilon_i$$

其中，$y_i$ 表示金融机构农业贷款，$x$ 表示影响因素。

本书包括 1985～2011 年共 27 年的金融机构及相关数据，根据分析框架对相关指标变量进行分类解释与描述性分析，如表 5-1 所示。

表 5-1　　　　　　　　　　　变量的描述性统计分析

| 变量类别 | 变量 | 变量名称 | 变量定义 | 均值 | 标准差 |
|---|---|---|---|---|---|
| 因变量 | $Y$ | 农业贷款 | 农业金融机构贷款 | 7221.645 | 7379.478 |
| 存款性指标 | $X_1$ | 存款 | 存款 | 53431.14 | 66982.19 |
| 利率及行业效益指标 | $X_2$ | 贷款利率 | 贷款利率 | 11.90863 | 3.2481 |
| | $X_3$ | 工农产值增速比 | 农业产值增速/工业产值增速 | 1.08 | 0.044893 |
| | $X_4$ | 农业收入占农民家庭收入比 | 农业收入/农民家庭纯收入 | 0.534444 | 0.101388 |
| 经营状况指标 | $X_5$ | 利润 | 利润 | 331.9107 | 649.3846 |
| 金融机构特征性指标 | $X_6$ | 资产 | 资产 | 69664.85 | 82467.07 |
| | $X_7$ | 机构 | 机构 | 91234.07 | 21918.85 |
| | $X_8$ | 人员 | 人员 | 1155223 | 183093 |
| 政策性指标 | $X_9$ | 准备金率 | 准备金率 | 8.5058 | 3.684166 |
| | $X_{10}$ | 财政支农水平 | 财政支农水平 | 1750.873 | 2604.196 |

资料来源：历年《中国金融年鉴》。

### 5.3.3　模型结果分析

根据分析层面的不同，将备选指标逐步加入回归模型中，包括存款性指标（存款）、利率及增长性指标（贷款利率、工农产值增速比、农业收入占农民家庭收入比）、经营状况指标（利润）、金融机构特征性指标（资产、机构、人员）、政策性指标（准备金率、财政支农水平）。回归分析结果见表 5-2。

表 5 – 2 涉农金融机构农业贷款供给影响因素

| 变量类别 | 变量 | 模型（1） | 模型（2） | 模型（3） |
|---|---|---|---|---|
| 存款 | 存款（$X_1$） | 0. 145516 *** <br> (0. 009336) | 0. 118787 *** <br> (0. 028315) | 0. 119323 *** <br> (0. 029879) |
| 利率及行业效益 | 贷款利率（$X_2$） | 73. 14383 ** <br> (29. 70258) | 107. 4530 *** <br> (29. 49540) | 107. 9770 *** <br> (33. 69480) |
| | 工农产值增速比（$X_3$） | – 101. 3989 <br> (2079. 954) | – 1626. 631 <br> (1681. 823) | – 1453. 798 <br> 1896. 073 |
| | 农业收入占农民家庭收入比（$X_4$） | – 3327. 383 <br> (2795. 980) | 4261. 769 <br> (4456. 050) | 3916. 422 <br> (4924. 846) |
| 经营状况 | 利润（$X_5$） | – 4. 584612 *** <br> (0. 660179) | – 3. 840051 *** <br> (0. 597664) | – 3. 860443 *** <br> 0. 736147 |
| 机构特征 | 资产（$X_6$） | | 0. 013695 <br> (0. 024746) | 0. 015367 <br> (0. 033366) |
| | 机构（$X_7$） | | – 0. 040837 *** <br> (0. 011329) | – 0. 039167 ** <br> 0. 014444 |
| | 人员（$X_8$） | | 0. 001319 <br> (0. 001494) | 0. 000765 <br> (0. 002173) |
| 政策 | 准备金率（$X_9$） | | | – 33. 19946 <br> (77. 01959) |
| | 财政支农水平（$X_{10}$） | | | 0. 004132 <br> (0. 604693) |
| | 常数项（$c$） | 1985. 000 <br> (2747. 656) | 1596. 818 <br> (3420. 915) | 2212. 375 <br> (3924. 266) |
| | $R^2$ | 0. 996904 | 0. 998489 | 0. 998512 |

注：*** 、** 分别代表 1%、5% 的显著性水平。

为了检验模型的稳定性，本研究构建了 3 组模型，3 组模型均将农业贷款供给量作为因变量，不同点体现在自变量的选择上。从表 5 – 2 可以看出，模型（1）以存款性指标（存款）、利率增长性指标（贷款利率、工农产值增速比、农业收入占农民家庭收入比）、经营状况指标（利润）为自变量，模型（2）比模型（1）增加了金融机构特征性指标（资产、机构、人员），模型（3）比模型（2）增加了政策性指标（准备金率、财政支农水平）。从回归结果看，三个模型的 $R^2$ 均在 99% 以上，说明拟合情况非常好。

金融机构的存款指标均在 1% 的置信水平上显著，系数为正值，分别为 0.145516、0.118787、0.119323，随着金融机构存款水平的增加，农业贷款的额度也随之增加，存款每提高 1 个百分点，提供的农业贷款可增加 0.12 左右的百分点。拥有充分的存款才能保证足够贷款的发放，此分析结果证明了这一实际情况。

获利及行业发展指标中的贷款利率均在 5% 的置信水平上显著，系数为正值，分别为 73.14383、107.4530、107.9770，随着金融机构贷款利率的增加，农业贷款额度大幅度提升，贷款利率每提高 1 个百分点，提供的农业信贷资金可增加 100 多个百分点，可以看到，贷款利率对金融机构发放贷款的影响是非常大的，这与假设相吻合。由于金融机构的趋利行为，当农业贷款利率与其他行业贷款利率等同时，由于农业贷款自身的弱势特点，金融机构不愿意发放农业贷款。但农业贷款利率较其他行业提高时，依据供求理论，价格上升会带来供给数量的增加，贷款利率可以被看作是贷款的价格水平，金融机构为了追逐高的贷款利息收入，会转而经营农业贷款的。

经营状况指标（利润）均在 1% 的置信水平上显著，系数为负数，分别为 -4.584612、-3.840051、-3.860443，随着金融机构利润水平的增加，农业贷款的额度也随之下降，金融机构的利润水平每增加 1 个百分点，就会引起农业贷款减少 4 个百分点，与假设相反。前文已经提过，金融机构是企业化经营，趋利行为是其固有的特点，农业贷款风险大、营运成本高，比较优势低，不会受到金融机构的青睐，在同等情况下，贷款发放对象自然是在大中型企业、城市居民等。越是高利润的机构，越是不愿意发放农业贷款。

金融机构特征指标中的机构数量指标至少满足 5% 的统计显著条件，且系数为负值，分别为 -0.040837、-0.039167，表明金融机构数量的增加使得农业贷款量减少，与假设相反。可能的原因有两个。一是 1993 年《国务院关于金融体制改革的决定》中明确提出政策性金融与商业性金融分离，中国农业银行成为商业性银行，实行自主经营、自担风险、自负盈亏、自我约束的管理模式。为了降低成本，农业银行逐年撤掉了一些在农村的营业网点；二是农村信用合作社，随着 1998 年《加强农村信用社监管工作的意见》的出台，一些规模过小、亏损严重的农村信用社通过降格、合并等方式降为分社和储蓄所，并撤销了难以维持生存和经营的营业网点。

利率及行业发展指标中的工农产值增速比的系数为负，表明农业发展速度与其得到的农业信贷量呈反方向变化，但是该变量不显著。这与假设不吻合。可能的原因是，农村中第二、第三产业发展迅猛，必然带来巨大的资金需求，而中国农业发展银行和中国农业银行是涉农贷款两大供给主体，其贷款的主要供给对象是利润高、风险低的涉农大中型龙头企业及上市公司等，而统计数据将这些龙头企业创造的产值未计入农业产值而是计入工业产值，出现了使用涉农贷款增加了工业产值的现象。农业收入占农民家庭收入比的回归系数为正，但不显著，这与假设相吻合。可能是二者占比的提高表明农民从事农业生产的收入提高了，在一定程度上说明了农业发展的趋势，增强了金融机构发放农业贷款的信心。

金融机构特征指标中的资产、人员指标均为负值，且不显著，农业信贷资金随着金融机构资产、人员的增加而逐渐减少，这与假设不相吻合。可能的原因是，资产、人员多的金融机构支付的营运成本也高，而农业贷款利润低、风险大，且管理成本高，农业贷款赚取的利润不足以弥补这些营运成本的支出，产生负效益，规模大的金融机构不愿意经营农业信贷业务，在趋利行为的引导下，将业务定位在利润高、成本低的大型龙头企业及高利润产业。

政策指标中的金融机构的银行准备金率系数为 -33.19946，表明伴随着银行准备金率的提高，农业贷款量在下降，但该指标不显著。这与假设相吻合。可能的原因是，银行准备金率的提高意味着银行要留出更多比例的资金存入央行以调节资金在市场上的投放量，从而达到对经济进行宏观调控的目的。银行准备金率高了，金融机构自身用于贷款的资金就会减少，农业贷款就会相应减少。财政支农水平系数为正，但很小，与假设吻合，但统计上不显著。国家财政支农水平的不断提升对农业贷款的发放存在一定的促进作用，在国家财政能力不断增强的背景下，对农业基础地位的认识在不断深化，对农业支持力度也在不断提高。中国农业发展银行提供的农业基础设施贷款、农业综合开发贷款、农业科技开发贷款等近些年大幅提升。对农业的事业费拨款、农业项目经费、粮种补贴、农机补贴、生猪补贴等都在逐年增加，地方政府、农民手里的"钱"多了，可以为农业贷款提供担保，用财政资金撬动信贷资金。

通过上述分析可以看到，对金融机构农业信贷资金供给的关键影响因素主要是存款指标、利率（贷款利率）、经营状况指标（利润）、机构特征指标（机构数量）。根据上述结果，要使金融机构更多地提供农业信贷资金，国家应发展农村地区中小金融机构，更多地吸收农民手里的存款，为农民更多地提供农业信贷；适当提高贷款利率，提高金融机构从事农业信贷的积极性；加快制定农村土地融资、农村财产担保等管理办法，在制度层面为农业信贷扫清障碍。

##  5.4　本章小结

本章主要对金融机构农业信贷资金供给的现状、存在问题及影响因素展开论述。

在金融机构农业信贷资金供给现状方面，主要围绕政策性信贷、商业性信贷、合作性信贷三部分展开。农业政策性信贷体现为中国农业发展银行，现状是：业务范围拓展为以粮棉油收购信贷为主，农业产业化信贷和农业、农村中长期信贷为辅的业务发展格局；贷款规模呈前缓后增的发展态势；贷款结构以粮棉油贷款为主、其他贷款为辅的格局。农业商业性信贷主要体现为中国农业银行、中国邮政储蓄银行、村镇银行、小额信贷公司等，中国农业银行的信贷资金供给现状是：专门设立"三农"金融事业部、贷款总额与农业贷款总额呈两极分化态势。中国邮政储蓄银行利用网点优势、开展"支农支小"贷款形式提供农村金融服务。村镇银行、小额信贷公司由于开展业务时间较晚、规模较小，网点数也较少。农业商业性信贷主要体现为农村信用合作社（包括农村商业银行和农村合作银行）、农村资金互助社，农村信用合作社的信贷资金供给现状是：网点数量近年来锐减，在农业贷款方面已成为支农的主导力量，内部贷款结构中农业贷款比例较低。农村资金互助社成立时间较晚，规模较小。

通过分析农业产业金融机构信贷资金供给现状，得出目前农业产业金融机构信贷供给存在如下问题：农业信贷资金供给规模严重不足、结构失调；农业信贷管理机制与实际需求相背离；农业信贷基础服务资源缺失；农村合作金融发展日趋萎缩。对此，我们提出如下政策建议：强化信贷供给政策管理，建立国家统一的农业产业信贷管理机构；创新农业信贷模式，加快农地融资、财政撬动金融、农业价值链金融等多种融资方式进入农业；调整农业产业信贷支持方向，更多地向农业基础设施、农业中小企业发展方面倾斜；更新信贷手段，使移动金融为农业生产经营提供更多的服务；加强农村中小金融机构的建设，在财政贴息、税收等方面给予更多优惠。

根据上述农业产业金融机构信贷的供给情况，需要对其影响因素进行分析。该分析采用多元回归的方法，将农业贷款量作为因变量，存款性指标（存款）、利率及行业发展指标（贷款利率、工农产值增速比、农业收入占农民家庭收入比）、经营状况性指标（利润）、金融机构特征性指标（资产、机构、人员）、政策性指标（准备金率、财政支农水平）作为自变量，对中国农业发展银行、中国农业银行、农村信用合作社（包括农村商业银行、农村合作银行）、中国邮政储蓄银行等提供农业信贷资金的影响因素进行分析。结果表明，存款指标、利率及增长性指标（贷款利率）呈正向影响，即存款越多、贷款利率越高，提供的农业信贷量越多；经营状况指标（利润）、机构特征指标（机构数量）呈负向影响，即附属机构越多，提供农业信贷越少。

为此，应发展农村地区中小金融机构，吸收农村居民手里的存款，为农民更多地提供农业信贷；适当提高贷款利率，提高金融机构从事农业信贷的积极性；加快制定农村土地融资、农村财产担保等管理办法，在制度层面为农业信贷扫清障碍。

## 第6章

# 农业信贷资金供求缺口
# 及创新信贷融资模式分析

如前文所述，金融机构提供的农业信贷资金远远不能满足农村新型农业经营主体的需求，在需求与供给之间必然存在缺口。为了缓解资金缺口的压力，各地纷纷创新信贷融资模式，以增加农业信贷资金投放量。

## 6.1 农业信贷资金供求缺口分析

信贷资金融量，顾名思义是信贷资金容纳量，是一个国家或地区在一定经济条件下信贷资金的容纳规模量。信贷资金是金融资金的主要组成部分，由于农村的股票、债券市场发展较为薄弱，近些年信贷资金一直占到农村金融融量总规模的80%以上，所以关于农业产业信贷资金融量的估算值，一定程度上代表了农业产业金融融量规模和发展趋势。

### 6.1.1 缺口估算（1985~2011年）

**1. 估算假定**

本章的研究建立在以下假定之上。一是农业产业信贷资金融量在一定程度上可以代表农村金融融量规模和发展趋势。二是农村中农业产业的生产经营主体主要包括农户和乡镇企业中的农业企业及农产品加工企业（以下称涉农乡镇企业，农产品加工企业的统计口径包括食品加工制造、烟草加工、纺织、服装加工、皮革加工、木材加工、造纸、印刷等十多个行业）；农业专业合作社由于其规模较小，故忽略不计。三是进行相关系数分析只涉及国内生产总值和信贷资金量，不受其他因素的影响。四是涉农乡镇企业信贷相关系数与乡镇企业整体信贷相关系数一致、农村农业产业信贷相关系数与国民经济整体信贷相关系数一致。

### 2. 估算方法

戈德史密斯（Raymond W. Goldsmith）在著名金融经济理论著作《金融结构与发展》中提出了金融相关率的概念。金融相关率（financial interrelations ratio，FIR）是指某一日期一国全部金融资产价值与该国经济活动总量的比值，以表示全部金融资产价值与该国经济活动总量的相关性。计算公式为：$FIR = F_t / W_t$，其中，$F_t$ 表示金融资产价值；$W_t$ 表示经济活动总量，一般用 GDP 表示。

信贷资金作为金融融量中的绝大部分，其与经济活动总量的相关性也是显而易见的，按照金融相关率理论模式进行推导，同样可以得出"信贷相关率"（credit interrelations ratio，CIR），信贷相关率即某一日期一国全部信贷资金与该国经济活动总量的比值，以表示信贷资金与该国经济活动总量的相关性。计算公式为：$CIR = C_t / W_t$，其中，$C_t$ 表示信贷资金总量；$W_t$ 表示经济活动总量，一般用 GDP 表示。

关于近年来的农业产业信贷资金融量及其缺口分析，将以戈德史密斯的金融经济理论为基础，使用相关系数法，首先运用金融机构贷款额与国内生产总值两个变量计算整体信贷资金相关比率，根据农村农业产业信贷相关系数与国民经济整体信贷相关系数一致的假定得出农村农业产业信贷相关系数；然后结合农业产业总产值计算出农业产业信贷资金理论值；最后将农业产业信贷资金理论值与实际值相比较，得出农业产业信贷资金缺口值。

### 3. 数据来源及说明

本章使用的数据主要来源于《中国统计年鉴》、《中国乡镇企业及农产品加工企业年鉴》以及《中国金融年鉴》等。

农户总产值以《中国统计年鉴》中的"农林牧渔产值"替代。

涉农乡镇企业产值是《中国乡镇企业及农产品加工企业年鉴》中"农业企业产值"与"农产品加工业产值"（具体包括食品加工制造业等十几个行业的产值）的合计数

农村农业产业贷款额是《中国金融年鉴》中"农业贷款"与"涉农乡镇企业贷款"的合计数，其中"涉农乡镇企业贷款"在年鉴中无直接数据可用，需经过分析得出。依照涉农乡镇企业信贷相关系数与乡镇企业整体信贷相关系数一致的研究假定，通过测算出乡镇企业整体信贷相关系数，进而求得涉农乡镇企业信贷额。

贷款缺口率是农村农业产业金融机构贷款缺口与其理论值的比值。

### 4. 测算结果分析

测算结果的总体情况是，正规金融机构的信贷供给缺口总量一直很大，且借贷需求主体结构也在发生变化（见表 6 - 1）。

（1）缺口总量持续上升，缺口比重较为平稳。从分析测算结果看，以国民经济整体信贷相关比率为测算基础，根据农业产值和涉农乡镇企业总产值的合计数测算出的农村中农业产业信贷额理论规模自 1985 年以来一直呈上升趋势，而农业产业实际得到的信贷额度远不能满足其需求，致使信贷缺口不断扩大，尤其是 2007 年以后，不论是缺口总量，还是缺口比重，上升幅度明显快于以前年度，缺口量从 2007 年的 80642.65 亿元上升到 2011 年的 169942.86 亿元（见图 6 - 1），年均递增 20.49%。从信贷缺口占信贷理论值的比重来看，这些年相对比较稳定，一般持续在 80%~85%，但 2007 年后增幅较大，从 2007 年的 82.58% 上升到 2011 年的 86.25%，四年间提高了 3.67 个百分点。究其原因是两方面因素造成的，即金融机构借贷供给减少和需求增加。从借贷供给方讲，政策性银行受资金总量以及

表 6—1 农村农业产业金融机构信贷资金缺口情况

| 年份 | 国内生产总值(亿元) | 金融机构信贷额(亿元) | 信贷资金相关比率(%) | 农户 | | | | 涉农乡镇企业 | | | | 农业产业整体 | | |
| --- | --- | --- | --- | --- | --- | --- | --- | --- | --- | --- | --- | --- | --- | --- |
| | | | | 农业总产值(亿元) | 农户贷款理论值(亿元) | 农业贷款(亿元) | 农户贷款缺口(亿元) | 涉农乡镇企业产值(亿元) | 涉农乡镇企业贷款理论值(亿元) | 涉农乡镇企业贷款额(亿元) | 涉农乡镇企业贷款缺口(亿元) | 农业产业贷款理论值(亿元) | 农业产业贷款缺口(亿元) | 缺口占理论值比重(%) |
| 1985 | 9039.90 | 6198.38 | 0.69 | 3619.49 | 2481.77 | 429.50 | 2052.27 | 495.64 | 339.85 | 64.20 | 275.65 | 2821.62 | 2327.92 | 82.50 |
| 1988 | 15101.10 | 11964.25 | 0.79 | 5865.27 | 4646.92 | 821.20 | 3825.72 | 1435.53 | 1137.34 | 191.54 | 945.80 | 5784.25 | 4771.51 | 82.49 |
| 1991 | 21895.50 | 21116.39 | 0.96 | 8157.03 | 7866.78 | 1464.30 | 6402.48 | 2818.49 | 2718.20 | 366.93 | 2351.27 | 10584.98 | 8753.75 | 82.70 |
| 1994 | 48459.60 | 39975.09 | 0.82 | 15750.47 | 12992.81 | 2362.50 | 10630.31 | 9022.15 | 7442.51 | 453.19 | 6989.32 | 20435.33 | 17619.64 | 86.22 |
| 1997 | 79429.50 | 74914.07 | 0.94 | 23788.36 | 22436.03 | 3314.60 | 19121.43 | 13648.93 | 12873.01 | 797.17 | 12075.84 | 35309.04 | 31197.28 | 88.35 |
| 1998 | 84883.70 | 86524.13 | 1.02 | 24541.86 | 25016.15 | 4444.20 | 20571.95 | 13323.40 | 13580.88 | 768.06 | 12812.82 | 38597.03 | 33384.77 | 86.50 |
| 1999 | 90187.70 | 93734.28 | 1.04 | 24519.06 | 25483.26 | 4792.40 | 20690.86 | 12890.63 | 13397.55 | 733.88 | 12663.67 | 38880.80 | 33354.53 | 85.79 |
| 2000 | 99776.30 | 99371.07 | 1.00 | 24915.77 | 24814.58 | 4889.00 | 19925.58 | 12212.90 | 12162.90 | 639.12 | 11523.78 | 36977.48 | 31449.35 | 85.05 |
| 2001 | 110270.40 | 112314.70 | 1.02 | 26179.64 | 26664.98 | 5711.50 | 20953.48 | 11468.25 | 11680.86 | 588.13 | 11092.73 | 38345.84 | 32046.21 | 83.57 |
| 2002 | 121002.00 | 131293.93 | 1.09 | 27390.75 | 29720.49 | 6884.58 | 22835.91 | 15165.85 | 16455.79 | 734.41 | 15721.38 | 46176.29 | 38557.30 | 83.50 |
| 2003 | 136564.60 | 158996.23 | 1.16 | 29691.80 | 34568.87 | 8411.35 | 26157.52 | 19389.95 | 22574.88 | 966.62 | 21608.26 | 57143.75 | 47765.78 | 83.59 |
| 2004 | 160714.40 | 177363.49 | 1.10 | 36238.99 | 39993.14 | 9843.11 | 30150.03 | 21769.42 | 24024.61 | 1012.95 | 23011.66 | 64017.75 | 53161.69 | 83.04 |
| 2005 | 185895.80 | 194690.39 | 1.05 | 39450.89 | 41317.28 | 11592.93 | 29724.35 | 33387.89 | 34967.45 | 1202.41 | 33765.04 | 76284.73 | 63489.39 | 83.23 |
| 2006 | 217656.60 | 225285.28 | 1.04 | 40810.83 | 42241.22 | 13208.19 | 29033.03 | 42507.88 | 43997.75 | 1049.46 | 42948.29 | 86238.96 | 71981.32 | 83.47 |
| 2007 | 268019.40 | 261690.88 | 0.98 | 48893.02 | 47738.55 | 15429.31 | 32309.24 | 51122.45 | 49915.34 | 1581.93 | 48333.41 | 97653.89 | 80642.65 | 82.58 |
| 2008 | 316751.70 | 303394.64 | 0.96 | 58002.15 | 55556.27 | 17628.82 | 37927.45 | 59507.19 | 56997.84 | 1592.56 | 55405.28 | 112554.10 | 93332.72 | 82.92 |
| 2009 | 345629.20 | 399684.82 | 1.16 | 60361.01 | 69801.33 | 21622.53 | 48178.80 | 64448.48 | 74528.08 | 1871.52 | 72656.55 | 144329.41 | 120835.36 | 83.72 |
| 2010 | 408903.00 | 479195.55 | 1.17 | 69319.76 | 81236.19 | 23043.70 | 58192.49 | 78136.39 | 91568.44 | 2285.53 | 89282.91 | 172804.63 | 147475.40 | 85.34 |
| 2011 | 484123.5 | 547946.69 | 1.13 | 81303.92 | 92022.42 | 24436.00 | 67586.42 | 92772.38 | 105002.79 | 2646.34 | 102356.45 | 197025.21 | 169942.86 | 86.25 |

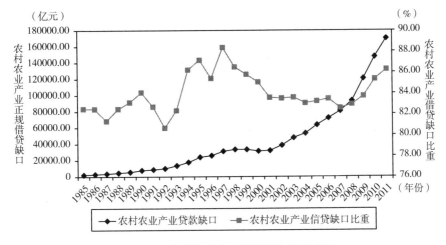

**图6-1  农村农业产业信贷资金缺口情况**

资料来源：根据表6-1数据绘制。

服务对象的限制，一般的农户和中小企业很难涉及；商业性银行的趋利行为使得其不愿意为风险大、收益低的农业产业提供借贷服务；农村信用社等合作性金融机构由于受资金规模及国家相关的政策法规的限制，也不能为需求者提供足够量的贷款。从借贷需求方讲，随着农业生产的规模化水平不断提高，资金需求量也将随之增加。需求的增加与供给的减少自然会使缺口越来越大。

（2）农业信贷需求主体结构发生逆转，农村涉农企业已成为主体。正规金融借贷资金凭其规范的管理与相对较低的利率，使得农村中农业产业经营各主体的金融机构信贷融量均呈上升态势，但发展趋势却各不相同。农户信贷缺口率呈逐年下降趋势，涉农乡镇企业的信贷缺口率则在逐年上升（见图6-2）。农户的信贷缺口率从1985年的82.69%下降到2011年的73.45%，下降了将近10%，这是与近年来国家加大农村小额贷款的支持力度分不开的。而涉农乡镇企业的信贷缺口率则从1985年的81.11%上升到2011年的97.48%，上升16个百分点。农户作为金融机构借贷需求结构中的主体地位正在丧失，农村涉农企业日渐成为需求主体。这同样与社会经济发展大背景有关。中央一号文件连续多年提出促进现代农业发展的政策，农业产业化水平已进一步提升，农业生产的产前、产中、产后服务日趋完善，对金融机构借贷资金的需求也与日俱增。

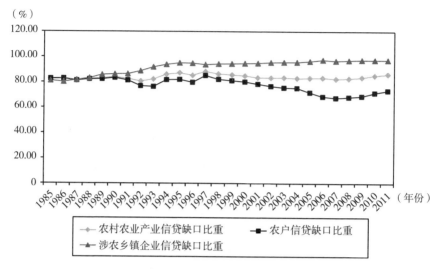

**图6-2  农村农业产业生产经营主体信贷资金缺口情况**

资料来源：根据表6-1数据绘制。

## 6.1.2  缺口预测（2012~2016年）

根据1985~2011年的供给缺口估算结果，运用统计软件，采用回归预测分析法，对2012~2016年的供给缺口情况进行预测。根据上述预测方法对2011年以前的缺口进行预测，以验证该方法的准确性，预测结果见表6-2。

表6-2　　　　　**1985~2012年农村农业产业金融机构借贷供给缺口**
**实际测算值与预测值比较**　　　　　　　　　　　单位：亿元

| 年份 | 实际测算值 | 预测值 |
|------|-----------|--------|
| 1985 | 2327.92 | — |
| 1988 | 4771.51 | 4529.339 |
| 1991 | 8753.75 | 8889.292 |
| 1994 | 17619.6 | 15321.46 |
| 1997 | 31197.3 | 29810.71 |
| 2000 | 31449.3 | 38323.68 |
| 2003 | 47765.8 | 44085.64 |
| 2006 | 71981.3 | 73942.04 |
| 2009 | 120835 | 109796.3 |
| 2010 | 147475 | 143186.6 |
| 2011 | 169943 | 175523.4 |

资料来源：根据表6-1数据整理。

根据对比结果，上述方法预测结果与实际值比较接近。故按此法预测
2012～2016 年的供给缺口，预测结果见表 6 - 3。

表 6 - 3　　　　2012～2016 年农村中农业产业贷款供给缺口预测值　　单位：亿元

| 项目 | 2012 年 | 2013 年 | 2014 年 | 2015 年 | 2016 年 |
|---|---|---|---|---|---|
| 预测值（亿元） | 202764. 5 | 242650. 7 | 291164. 3 | 350214. 4 | 422131. 9 |

### 6.1.3　缺口原因分析

**1. 供给方的内生因素**

供给方的内生因素主要体现为自身成本效益分析。金融机构是农业
信贷的供给者，鉴于其企业身份与其行为的逐利性特点，利润最大化是
其经营的最终目标，公式表示为：$P = W - C$，其中，$P$ 表示利润，$W$ 表
示收入，$C$ 表示成本，获取利润最大化的最终手段无疑是提高收入、降
低成本。在收入（$W$）方面，金融机构的信贷收入是贷款金额与贷款利
率的乘积，即 $W = G \cdot i$，其中，$G$ 表示贷款额度，$i$ 表示贷款利率。金融
机构为了得到最大限度的收入，在贷款额度、贷款利率均由国家规定的
条件下，必然是将有限的贷款额度贷给生产经营风险最小的借款人。农
业生产自身存在自然风险大、生产周期长、利润率低等特点，与其他行
业相比，农业贷款的不良贷款率也处于较高水平，所以从事农业生产在
获取贷款方面经常处于不利地位，往往申请不到贷款或获得的贷款额度
很少或期限很短，根本满足不了实际生产经营的需要。在成本方面，主
要体现在支付存款利息以及机构的营业费用方面，存款利息是根据国家
相关规定计算得出的，机构营业费用主要包括业务费用和管理费用。管
理费用主要用于管理部门以及管理人员的相关支出，业务费用主要用于
存贷款业务的开发及日常监管支出。从事农业生产获取的利润率低，农
民手中没有太多的剩余现金，且农村地区由于人口居住地点较为分散，
很多人不愿意跑很远的路去存钱，致使与城市相比银行存款量相对较少。
在贷款业务的开发方面，按照规定程序在贷款前需对贷款申请人的经济

状况、信用资质等信息进行调查与核实，在贷款执行中需对贷款人的业务活动进行监管，在贷款期限结束时需对贷款进行收缴，这些工作都需要银行业务人员经常与贷款人进行接触，但由于农村人口居住分散，很多还是边远偏僻的山区，使得该项工作产生的信息成本很高，出于收益的考虑很多银行不愿意做。

### 2. 供给方的外生因素

供给方的外生因素主要表现为国家的金融约束政策。赫尔曼和斯蒂格利茨等（Hellman and Stiglitz et al.，1996）提出的金融约束论认为：金融约束政策主要包括存贷款监管、市场准入限制、实际利率大于 0 且小于均衡利率等，以稳定的宏观经济环境、低的通货膨胀率等为前提，这些金融约束政策是可以促进经济发展的。金融约束在我国主要表现为两个突出问题：一是存贷款利率的约束；二是严格的市场准入政策。存贷款利率的约束指的是各家金融机构的存贷款利率均应按照国家规定执行，不允许自行突破。严格的市场准入政策表现为信贷供需两个层面：第一个层面是借贷供给方，即金融机构，我国政府一直实行着较为严格的准入限制，除严格的资本金要求外，还包括经济发展需要与银行业竞争状况；第二个层面是借贷需求方，贷款申请人要想获得贷款，必须符合国家规定的条件及审批手续，在贷款额度、贷款期限、抵押担保等都有明确的要求，这些审批条件和手续缺一不可，这使得很多贫困农民和规模小、处于起步阶段的中小企业很难获得贷款，阻碍生产的发展。

## 6.2 创新信贷融资模式分析

如此大的信贷资金缺口，在传统的金融管理体制下是很难满足的。因此，要进行改革创新，更新信贷融资模式，进一步挖掘金融潜力。

根据中国人民银行农户借贷情况问卷调查分析小组（2009）《农户借贷情况问卷调查分析报告》的调查结果，在生产中存在贷款需求及潜在需求的农户占到50%以上，对有扩大养殖规模的养殖户来讲，接近80%的养殖户需要外源融资的帮助。随着农业发展不断推进，新型生产经营主体日益成为农业生产经营的主导力量，规模化、标准化的生产方式打破了以前的小农生产模式，对资金规模的需求也随之加大，外源性融资经营将变得十分重要。

外源性融资有多种形式，主要包括借贷、债券、股权等，由于农村的资本资产市场未发育完善，借贷融资顺理成章成为农业生产所需资金的主要来源。农业新型生产经营主体的生产规模不断扩大、生产技术水平不断提高，对生产资金的需求也日益增加，以前对农户的小额信贷无论在金额还是在期限方面都不能满足需求，但由于受到国家金融政策的约束及农业生产者自身条件的限制，直接从银行得到满足需求的大额贷款存在相当大的难度，为了解决这一难题，国内外相继出现了一些适合农业生产特点的新型借贷融资模式，如农业价值链融资模式等。中国人民银行于2014年出台了《关于做好家庭农场等新型农业经营主体金融服务的指导意见》，鼓励金融机构进行金融产品和金融服务创新。因此，全国各地区积极改革创新，涌现出不少各具特色的农业生产融资模式，如农地金融模式、财政撬动金融模式、农业价值链金融模式、移动金融模式等，这些做法对于缓解农业生产资金短缺起到了很好的推动作用。

## 6.2.1　农地金融模式

农地金融，是指利用农地作为信用或担保的资金融通（冯玉华等，1996），农地金融是农业土地经营者以其拥有的土地产权向金融机构或社会公众融资行为关系的总和（高彦彬，2009）。在农业生产中，农地金融可为农业生产筹集资金提供条件，可加速农村土地的规模化流转，加快国家对相关法律与信贷政策的调整与完善进程，促进农地资产证券市场的形成。

### 1. 农地金融模式的形式

农地金融主要分为如下几类：农地租赁、农地抵押、农地银行、农地股份合作、农地信托、农地证券等。

农地租赁是指农地所有权主体或承包经营权主体在保留集体土地所有权或承包经营权的前提下，将农地使用权转让给受让人，并获取一定经济收入的市场行为（岳意定等，2007），这是当前农地经营普遍存在的一种形式。它一方面可以将不善于经营土地的农民解放出来，得到其相应的经济利益，也不会失去土地，不会有后顾之忧；另一方面，经营土地的人也可以扩大土地规模，实现规模效益。

农地抵押是指借款人在不改变土地所有权、承包权性质，不改变农村土地农业用途的条件下，将农村土地承包经营权及地上附着物作为抵押担保向金融机构申请办理信贷业务的行为。

农地股份合作是指把农村集体经济组织或农户的土地进行股份量化，按土地使用权形成股份，与其他农户或者工商企业等农业投资者进行股份合作，并按股份获得股息和红利的一种农地融资形式。

农地银行的操作形式类似银行存款，是指农民将自己的承包土地存入金融机构，金融机构对土地考察登记后与农民签订存地合同，并将农地贷给投资开发者，收取贷出土地"利息"，农民获得存入农地"利息"，金融机构获取利率差。

农地信托与农地银行相类似，也是农地所有者、承包经营者将土地的使用权、经营权信托给特定的人或服务机构，由其进行经营管理，从而获得收益的行为。

农地证券化是企业与农村集体共同成立土地股份公司，企业以货币资金或其他形式入股，集体和农户将土地所有权和土地承包权评估后折价入股，形成共同的资产价值，通过证券市场对外发行土地证券或股票以筹集资金（杜明义，2014）。

农地金融最为突出的特点是信用基础稳定，主要表现为债权稳定、偿还借贷的可持续性（高汉，2005）、较低的信息成本等。债权稳定是指农地本身位置固定，可常年使用，并随社会经济发展而不断升值；债权稳定还表现为借款人的稳定，因为借款人都是直接从事农业生产的劳动者，平时的工作地点就是农地，便于金融部门对其进行监管。偿还借贷的可持续性是指农地的生产季节性很强，而且每年都会有农产品被部分生产出来，一部分农产品就会被拿出来"还账"。较低的信息成本是指各种形式的农地融资一般都是在本地进行，由于本地活动范围相对较小，人与人之间相互较为熟悉，乡土文化与人情、亲情使得人们之间相互信任，金融机构不用花太大力气去核实与考察借款人的身份及个人资信情况。

**2. 农地金融模式的实践**

（1）农地金融模式的国外实践。农地金融在发达国家起步比较早，早在18世纪下半叶，德国就由政府强制组建土地抵押信用合作社以抵制高利贷，到了20世纪初期，随着土地改革运动的实行，土地抵押贷款成为农民的长期信用工具。法国较德国相对晚些，但至今也有一百多年的历史了，1852年法国颁布的《土地银行法》，是法国不动产金融制度的根本大法，以该法为指导，法国各地纷纷设立了土地银行。

关于国外农地金融的运行模式，比较有代表性的是美国和德国。傅德汉（2013）提出美国的突出特点是国家干预制，为管理全国农地抵押贷款，1916年设立联邦农业贷款局，由政府扶持并建立了完整的政府农业信贷体系；采取自上而下的管理方式，上层联邦土地银行采取银行管理体制，政府拨款充当股金，下层按合作社原则组建土地银行信贷合作社。

德国的农地金融体系主体是土地抵押信用合作社，它的服务宗旨是以贷款协助农民购买土地、开垦土地、兴建水利、道路、耕地平整和造林。抵押土地债券化是德国农地金融制度的显著特点，即愿意用自己的土地作抵押以获取长期贷款的农民或地主可组建合作社，在市场发放土地债券筹集资金，以满足社员资金需求。

（2）农地金融模式的国内实践。随着农业的不断发展，农地的规模化流转进程也在不断推进，为解决农业生产资金投入严重不足的问题，农地金融已成为国内非常重要的融资方式之一，并呈现多种形式。如福建三明市、宁夏同心县、重庆市开县、辽宁省法库县、陕西省高陵区等进行了土地承包经营权抵押贷款业务试点，宁夏平罗县信用合作社开展了土地银行业务，重庆开展了农地证券化的"江津模式"等。

重庆市于2007年6月经国务院批准成为全国统筹城乡综合配套改革试验地，重庆市农业银行开县支行作为试点行于2008年2月对种养大户吴大权等的土地流转经营权进行抵押登记，并向吴大权发放了重庆市首笔土地流转经营权质押贷款"一年期20万元流动资金贷款"，同时为进一步降低贷款风险，由财政局将吴大权的各项财政补贴划归指定账户，由保险公司对吴大权种植业进行农业保险（陈剑锋等，2010）。目前已制定《中国农业银行重庆市分行农村土地承包经营权抵押信贷业务管理办法（试行）》，面向更多种养大户、家庭农场提供该服务。

在重庆市，任何形式的土地承包经营权均可作为抵押财产向融资机构申请贷款，和其他贷款一样，农地抵押贷款不仅要关注抵押物（土地承包经营权）的风险，而且要对借款人信用和产业项目效益进行评估，其价值可由抵押当事人认可的评估机构评估确定，也可由抵押当事人协商确定，贷款金额小于100万元的，原则上不需要专业评估机构评估其抵押物价值，贷款金额大于100万元的，可委托有资质的专业评估机构进行评估。借款人应资信良好、遵纪守法；使用贷款的农业产业项目应有较好效益。农地抵押登记机构为所在地的区县农业行政主管部门，按公示方法进行登记，且登记是农地抵押权设定生效的要件，对抵押登记费进行减免或按最低标准收取。

为推进农地抵押融资工作开展，还建立健全了农村金融风险分担机制，市、区县（自治县）两级财政出资设立"三权"（三权为农村土地承包经营权、农村居民房屋和林权）抵押融资风险补偿基金，对开展"三权"抵押融资服务的融资机构因发放农村"三权"抵押贷款而产生的本息损失进行一定比例补偿。现行地方政策规定，抵押融资风险补偿范畴是融资机构为相关企业、农民专业合作社、农户等涉农主体发展农林牧渔副等产业而开展"三权"抵押融资贷款发生的损失，满足以下条件的贷款损失，经审批后可获得风险补偿基金补偿：融资机构合法合规；贷款符合规定；贷款用途为重庆市内农林牧渔副等产业的生产、冷储、加工、流通等；已获得仲裁机构生效裁决或已获得人民法院生效判决并已执行终止或中止，或贷款逾期两年及以上；融资机构履行了债权人勤勉尽职义务。符合条件的贷款损失经审批后可由风险补偿金补偿 35%，其中市级承担 20%、区县承担 15%。

**3. 农地金融模式的适应条件**

（1）农地承包经营有一定规模。不论是通过农地租赁，还是通过农地抵押、农地股份合作化等方式，农地都是作为一种手段而使当事人得到相应的利益。根据经济学原理，规模经营产生规模效益，农地承租人、提供农地贷款的金融机构、农地股份合作社等都愿意在规模化经营的农地上进行经济运作以使经济效益最大化。所以农地融资方式对于种植大户、家庭农场、农业专业合作社等新型农业经营主体具有较大优势。

（2）当地政府有较强的经济实力。如美国的国家干预制，设立联邦农业贷款局管理全国农地抵押贷款；我国重庆市由市、区（县）两级财政出资设立风险补偿基金等。通过国内外农地融资的成功案例，可以看到国家财政对农地融资的保障作用。因为农业是弱质产业，具有高风险、低收益的特点，但同时又是保障国家粮食安全、为其他产业提供原材料的基础产业，农地融资需求与农地贷款供应之间存在不可回避的矛盾，这就需要政府财政基于较强的经济实力，出面对农地融资风险进行保障。

（3）营建完善的法律法规及良好的信用人文环境。任何一项业务的开展与运行都是需要相应的政策、法律法规加以保障的，农地融资业务也不例外。《中国农业银行重庆市分行农村土地承包经营权抵押信贷业务管理办法（试行）》《寿光市大棚抵押借款暂行办法》《寿光市农村土地承包经营权抵押借款暂行办法》等都为当地的农地融资提供了非常好的法律与政策依据。当事人的诚信也是融资业务非常重要的方面，针对金融融资这一敏感区域，诚信建设自然而然成为规避融资风险的一个有力措施。

**4. 农地金融模式存在的主要问题**

（1）农地抵押的法律障碍。《中华人民共和国物权法》规定，集体所有的土地使用权不得用于抵押，如耕地、宅基地、自留地、自留山等；农用地除"四荒地"的承包经营权外，一般不允许抵押。《中华人民共和国土地承包法》也没有明确说明家庭承包取得的土地承包经营权可以用于抵押的问题。由于农用耕地承包经营权尚未被《中华人民共和国物权法》认可，在法律层面还未允许该权利用于抵押，使得广大地区的农地生产经营者有融资需求但得不到贷款支持。虽然 2009 年国家政策鼓励有条件的地区可探索土地经营权抵押贷款，但由于农业生产自身的弱势和受农地融资一些相关配套制度的制约，农地抵押只是在一些条件相对较好的地区实现。

（2）农地抵押评估工作不完备。鉴于当前的农地抵押融资，对农地的价值评估、对种植大户、家庭农场、农业专业合作组织等的信用评估成为必要的风险防范措施。如农地地籍问题、对农地分等定级问题以及评估机构的专业性问题等，直接影响到农地价格的评估，而农村土地承包经营权价值是金融机构授信贷款额度的基础；对农业生产主体进行信用等级评定，确定信用额度，对规避贷款人的违约风险有重要作用。但现在很多地方由于缺乏土地承包经营权价值评估机构和专业资质评估人员，难以对土地价值准确确定，评估难导致了贷款难（肖建华，2014）。

（3）借款农户违约后被抵押农地的变现风险。由于土地承包经营权流转工作尚处起步建设阶段，很多环节的工作还很不健全，如土地的确权、颁证等，倘若发生纠纷，处理起来很难。另外，土地承包经营权抵押贷款工作也因土地无证化而难以开展，一旦贷款户违约，金融机构对用于抵押的土地承包经营权难以行使处置权。

（4）农地金融的风险保障机制欠缺。首先，缺乏农村土地流转中介和维权机构给土地承包经营权处置带来一定困难（肖建华，2014），涉农金融机构在借款人偿还能力受阻时，在土地经营承包权登记缺乏法律效力的条件下，由于没有中介、维权机构的参与，金融机构难以实现其债权。另外，目前农村风险补偿机制尚未全面形成，在受到较大的自然灾害或市场波动影响下，金融机构会受到很大的冲击。

## 6.2.2 财政撬动金融模式

当前农业信贷供给与需求之间的通道仍然不畅，突出表现为新型农业经营主体对贷款的普遍需求与缺乏贷款抵押物之间的矛盾。另外，西部地区还有很多乡镇没有金融服务网点（财政部，2013）。国家财政每年支出的农业补贴对于日益发展壮大的农业新型生产主体的资金需求微乎其微，因此，要充分发挥有限的财政资金的作用，协调、缓解二者间的矛盾，使农村存款最大限度地转为农业信贷资金。

金融政策与单纯的财政补贴政策不同，它是有偿使用的，金融资本运用于农业生产将增进农业经营主体的信用意识、市场意识和风险意识，提高其市场竞争力，也可减少政府对农业生产的直接干预。金融资金的发放量比财政补贴资金要大得多，之所以农业产业得不到足够的金融信贷支持，主要原因在于农业金融资本自身特点（如高风险、高运营成本、低收益等）和缺乏相应的风险保障机制。如果财政资金能承担起相应的风险保障职责，金融资金同样会在农业产业寻找生长点，从而达到二者的双赢。其运行机制是农业财政补助资金通过融资担保、设立风险基金等多种形式为金融机构和贷款人提供农业信贷资金风险防控保障，使金融机构加大对农业信贷投放力度，增加农业信贷资金量。建立农业财政补助基金拉动金融信贷资金机制，将有助于形成农业生产资金的有效协调，发挥财政资金的"杠杆"作用，起到"助推器"和"调节器"的作用。

### 1. 财政撬动金融模式的形式

财政撬动金融模式主要有五种形式：担保补助、贷款贴息、农业保险补贴、费用奖补以及投资基金（曹茸，2014）。

担保补助主要解决农民"贷款难"问题，即运用财政资金直接或间接设立担保机构，为符合条件的农业信贷需求提供担保。

贷款贴息主要解决"贷款贵"的问题，即运用财政资金对符合条件的农业信贷产生的利息进行补贴。

农业保险补贴主要解决农业信贷"高风险"的问题，即由财政资金给予自然灾害、疫病等农业保险的保费补贴。

费用奖补主要解决"不愿贷"问题，即通过财税政策对金融机构发放符合条件的农业信贷产生的成本予以风险补偿。

投资基金主要解决农业企业投资"实力弱"的问题，即由财政资金采取股权投资的方式参与设立基金，以引导社会资本投资方向。

### 2. 财政撬动金融模式的实践

在农村金融相对完善的发达国家，通过长期的实践，已经形成了一套较为完善的财政资金与信贷资金相结合的运行机制。比如在美国，政府一般采取贷款的方式支持农业生产经营性建设项目，政府财政资金对农业贷款进行贴息，为农产品出口信贷提供担保等；另外，美国还创新信贷模式，利用宏观调控手段使农业财政预算与金融机构信贷业务相结合。在法国，为了调动金融机构发放农业贷款的积极性，政府通过金融机构竞争的方式来确定发放财政支农贴息贷款银行（王冰等，2008）。

近几年，我国有许多地区都在积极探索财政撬动金融的方式，如江苏的"三项基金"模式、辽宁的"妇女小额担保财政贴息贷款"和陕西渭南的"奶业贷款担保风险基金"等。截至2014年10月底，辽宁省当年新发放妇女小额担保财政贴息贷款12.49亿元，累计发放32.95亿元，借助小额担保贷款，有近7万名妇女享受到了政策红利，实实在在地帮助农村妇女增加了家庭收入。[1] 陕西省渭南市合阳县是渭南市建设省级示范区奶牛产业的核心区，为加快核心区建设，合阳县通过财政支持，破解了奶牛养殖过程中的资金"瓶颈"，从2013年底开始，合阳县用1000万元财政资金，在邮政储蓄银行设立奶业贷款担保风险基金，银行就可以提供十倍于基金的贷款，让奶牛养殖户贷款不再难。[2]

江苏省在创新财政资金撬动金融信贷模式方面的探索，也取得了较为

---

[1] 《辽宁：12.49亿贴息贷款助农村妇女创业》，载于《辽宁日报》2015年1月1日。

[2] 《财政支持加快畜牧业发展——合阳财政担保贷款1000万搏取1个亿》，中国畜牧网，2014年7月15日。

成功的经验，拓展了财政撬动金融支农领域和范围。2013 年江苏省财政厅通过联合省内金融机构和民营资本，设立农民专业合作社共同基金、农业产业化龙头企业担保基金、现代种业投资基金三大基金，有力地改善了农业生产融资条件。种业基金系省财政与省内科研院所、涉农产业集团共同发起设立，通过科研项目补助、基金入股、融资担保等政策，促进种业企业发展。农业产业化龙头企业担保基金，即江苏汇隆投资担保公司，系雨润等五家省级以上农业产业化龙头企业受省财政、省农委共同委托联合成立的，为省农业产业化龙头企业提供担保，利率不超过 10%，省财政按月均贷款余额给予 5‰ 的奖励，并提供 5% 的风险准备金。农民专业合作社共同基金，由民生银行、平安银行与省财政、省农委联合成立，利率在 7%～9% 浮动，省财政交纳准备金，两家银行承诺提供农业信贷量按准备金额度放大 20 倍。2014 年，江苏省更加突出对新型农业经营主体的信贷支持，推出全产业链视角的新型融资政策。具体措施包括：引入多方资本成立二期种业基金；探索龙头企业与新型农业经营主体之间的价值量融资模式；拓展多种抵押担保模式，财政启动 5% 风险准备金拉动 20 倍信贷规模。

### 3. 财政撬动金融模式的适应条件

（1）需要中央财政与地方财政共同支持。财政支农政策所需财政资金有的是单纯中央财政或地方财政负担的，也有由中央财政和地方财政共同承担的。单纯的国家财政方面，目前主要包括两部分：一是对符合条件的贷款公司、农村资金互助社和村镇银行，按其上年平均贷款余额的 2% 给予补贴；二是根据国家的财税政策对农村金融机构实行税收优惠政策等。中央财政和地方财政共同负担方面，目前包括三部分：一是对符合条件的县域金融机构，按其上年平均贷款余额同比增长超过 15% 的部分给予 2% 的奖励资金；二是中央财政农业保险保费补贴；三是符合条件的个人微利项目小额担保贷款的全额贴息。单纯地方财政负担方面：主要是各地政府设立农业贷款风险补偿基金，补偿政策按照确认为损失的农业贷款本金由政府和受偿银行分别承担相应比例。可以看出，使用财政支农资金撬动金融资金，是依靠国家相关政策的保障进行的，但中央财政只承担所需资金的一部分，其余配套资金需要地方财政承担，所以这些措施在经济较为发达地区得以施行，如果地方政府的经济实力欠缺，财政撬动金融的很多措施将很难推行。

（2）支持对象主要是新型农业经营主体。经过近些年的努力，目前农户小额信贷制度已经较为完善，农业龙头企业融资渠道也比较顺通，问题主要集中在"中间地带"，即新型农业经营主体，这些主体相对生产规模较大，所需资金支持的需求强烈，但是小额信贷的额度相对较小，不能满足其需求，又由于受中间地带群体的资金规模、抵押资产及信用等方面的制约而享受不到农业龙头企业能享受的通畅融资渠道，致使这些生产经营主体的生产资金需求问题得不到很好的解决。通过以财政支农资金撬动金融资金的方式，政府出面为他们担保、提供风险补偿，可以最大限度地帮助他们得到信贷资金。

（3）支持方式主要是对信贷融资所需的抵押担保。如上所述，"中间地带"生产群体得不到贷款的很重要的原因是没有资产进行抵押担保和风险补偿，所以很多地方政府财政支持的方式也主要集中在为农业生产主体提供必要的抵押担保和风险补偿，由政府出面专门成立国有性质的农业贷款担保公司，设立风险补偿基金，为农业贷款需求者提供信贷担保，对农业贷款发生损失进行补偿。

### 4. 财政撬动金融模式存在的主要问题

（1）在地方经济欠发达的地区难以实现。由于很多财政支农资金撬动金融资金的措施是需要地方财政配套资金的，还有的是单纯依靠地方财政支持的，这些都建立在地方政府有一定的经济实力的基础上，如果地方财政较弱，相应的一些撬动措施将无法实施，比如我国西部欠发达地区。

（2）新型农业经营主体的不规范运营与市场化的规范要求存在矛盾。当前的农业经营主体大多处于起步阶段，日常的生产经营粗放，人员素质不高、财务状况混乱。而银行信贷资金运作是市场化行为，是非常严谨、规范的，对贷款人的个人信用、生产能力、财务状况等要求很严格，这与农业生产主体的不规范形成鲜明的对照，因此很多生产主体得不到贷款，尤其是一些贷款需求较大的农业中小企业和农业专业合作社等。

（3）相应的配套制度有待进一步发展完善。首先表现为承包经营权的登记与处置，由于农村资产抵押登记制度和抵押资产处置机制不完备，抵押权人的合法权益得不到有效保护；又由于土地经营权和林地通常面积较小，期限较短，流转欠规范，交易不活跃，利用途径受限，导致价值较低，金融机构处置难度大且成本高。其次是社会信用体系建设，新型农业经营主体信贷资金需求量大，且个体情况较为复杂，经营管理不规范的情形时有发生，这就更需要加强诚信建设，诚实申贷、诚实用贷、诚实还贷，最大程度降低金融机构的信息成本，形成信贷良性循环。

### 6.2.3 农业价值链金融模式

随着农业产业化发展和农业生产链条的不断延伸，农业生产各环节的生产主体逐渐成为"一荣俱荣、一损俱损"的利益集合体，某一环节的资金短缺将会影响到该区域、该行业整体经济的发展。农业价值链金融是近年来在发展中国家出现的一种农业生产融资形式，主要目的是缓解农业生产者直接获取银行信贷的约束，以增加信贷资金规模。它是将农业生产链条中各个环节的资金需求和金融供给相结合，将农业价值链中各个环节的不同参与者融入信贷市场，利用合作伙伴之间的业务合作关系，降低市场风险和信用风险（靳淑平等，2014）。价值链金融模式可以使农户、专业合作社（协会）、公司、银行成为经济统一体，解决了农户进行农业生产需要大量资金而又缺乏抵押担保的问题，同时借助银行贷款的封闭式运营，极大减少了贷款回收的风险。价值链金融有以下三个方面优势。

（1）价值链金融使从事农业生产的农户可能得到信贷支持。由于价值链金融系垂直管理，农户可以和公司直接发生借贷关系，减少了传统借贷关系的诸多环节和约束。怀特（White，2004）、戈顿（Gorton，2004）、德里斯等（Dries et al.，2009）、斯瑞门（Swinnen，2006）发现，在转型国家农业价值链金融是一种非常普遍的现象，在拉丁美洲，农业合同计划中价值链金融和投入品供给在很多不同的农业部门被广泛使用，如水果和蔬菜部门、家禽、烟草、甘蔗、大麦和水稻（Dirven，1996）。古拉蒂等（Gulati et al.，2007）指出，亚洲小农户和贫困农户参与合同农业和食品供给链的价值链系统并在其中受益。根据 IFAD（2003）数据显示，在南非主要的价值链形式是季节性信用和合同农业中的投入品条款，在热带贸易部门、高价值的非贸易出口部门这种是常见形式。梅尔坦斯等（Maertens et al.，2007）分析了塞内加尔园艺小农户价值链金融的重要性，发现和出口公司签订合同的农户能以投入品的形式从公司那里得到平均 30 万非洲法郎的季节性信贷，而其他金融机构和非金融机构形式只能得到一年 13 万非洲法郎的信贷。

（2）价值链金融提升了农业经营主体的生产能力。价值链金融不仅使农业经营主体获得了从事生产必需的资金和投入品，同时获得了相应的技术培训，减少了农业生产的自然风险，这将大大提高其生产能力，促使其生产出高质量、高产量的农产品。关于东欧的糖和奶制品部门的实证研究表明价值链金融如何引起产出、投资效益和投资的显著性增长（Gow et al.，2000；Swinnen，2006）。在波兰的奶制品公司，20 世纪 90 年代中期价值链金融也带来了农场投资的提高（特别是冷却池和更好的牛），高质量牛奶的市场份额从 1996 年不到 30% 提高到 2001 年的 80%（Dries and Swinnen，2004）。

（3）价值链金融提高了农业经营主体的收入水平。价值链金融也意味着以担保价格销售，可降低农民方的市场风险。中间协调公司也通过投入品条款和信贷条款来分担农民的生产风险，而且，价值链金融系统的信贷管理和收获后快速现金付款也增加了农民的现金流，提高了收入稳定性。相关研究表明价值链金融获益中农民得到了大量的份额，如亨森（Henson，2004）提出，乌干达的签约蔬菜农户在降低风险和提升信贷方面受益；另外的例证来自于马达加斯加的蔬菜部门，大量规模很小的农场在合同蔬菜农业中受益，获得更稳定的收入、更短期的无税付款（Minten et al.，2009）；非洲、塞内加尔的园艺出口部门，通过垂直管理和高价值的价值链金融，贫困大大降低（Madagascar by Minten et al.，2009，Maertens and Swinnen，2009）。

### 1. 农业价值链金融模式的形式

20 世纪 60～70 年代，国家控制供应链中信用条款是很广泛的。不同阶段的生产、投入产出的交易，包括信用和金融，都被中央命令系统管理和决定（Rozelle and Swinnen，2004）。国家控制价值链金融最主要的形式是小农户季节性信用条款以获得基本生产的供给（Poulton et al.，1998）。价值链金融在 80～90 年代的改革中经历了急剧的变化，随着世界经济的转型，交易和价格被放开，在很多发展中国家，私有化和市场放开导致为农业的信用供给与投入急剧下降（IFAD，2003）。市场自由化导致了政府信用在农业部门投资的下降。

伴随着私有化和自由化，价值链金融的新形式也随之出现并发展起来（Swinnen，2007；World Bank，2005），这些新形式不再是政府控制而是通过私人公司实现。私人贸易商、零售商、农业商人和食品加工公司与农场和农户签约日益增多，他们为农户提供信用和融资服务以求得产品数量及质量方面的保证。由于农村信用和投入市场的不完备，农民面临着金融约束，主要由加工商、贸易商、零售商和投入供应商建立起来的私人农业合同计划就是应对这些约束的反应。调查显示，在马达加斯加和塞内加尔，通过与贸易商签合同，小的蔬菜种植户以现金的形式，也包括投入品的形式得到信用支持（World Bank，2005）。

价值链金融的主要形式包括贸易合同、订单农业、仓单农业、其他新形式。

（1）贸易合同。农民从供应商、中间商或农产品加工商得到信贷，并保证用未来的收入偿还，通常，这样做不直接涉及银行，协议通常是非正式的，一般建立在信任的基础上。贸易信贷经常以货物贷款提供（种子、化肥、消费品），也以实物（最终产品）来偿还，这种约定一般只涉及季节信贷，信贷的成本（利息）内含在投入品和产出品约定的价格中，可能是很高的。有时也会出现相反的情况，如专门的供应商给农民提供种子以期望在收获后得以偿还；在乳品行业，对农民来说每两个星期得到付款是很正常的事，这就意味着乳品厂的农民是先期融资。同样，农业产品在超市托管销售，延期付款，意味着农民承担着超市的存货成本。

（2）订单农业。贸易商、出口商或农作物加工商与选好的农民或他们的代表（协会或合作社）确定预期收获订购合同，这涉及农作物期货合同，期货合约制定了价格、支付条件、数量、质量和运送时间，这主要是为了保证在指定时间一定质量的产品供给，确保质量的技术支持可能成为合同的一部分，产品规格在事前已被约定好。作为期货合同的一部分，农民收到部分预付款，银行通过三方协议（销售合同作保证）参与进来，这种安排一般只涉及季节性信贷。例如，在布隆迪和卢旺达，加入组织协会或合作社的咖农可以从银行和小型金融机构得到贷款，但是得到这些信贷要通过咖啡清洗站，并同意交付这些农作物。附带利息的信贷偿还要从交付到咖啡清洗站的咖啡果价值中扣除。这就实现了一个三方协议：银行、农民合作社、咖啡清洗站。在马里、塞内加尔和突尼斯，与金融连接的合同农业在园艺产品中是非常普遍的。

（3）仓单农业。储存在有保证的安全的仓库里的产品是为信贷担保服务的，为下一个收获或其他目的所采用（后期金融）的融资方式。农民在掌握产品销售商机方面具有更大的灵活性，可以在季节内价格增量中获益，如果产品被检测过或被分成等级，他们的价值也可以提高。这种约定涉及季节信贷，因为农民想在下一个收获季节前卖掉农作物并偿还债务。农民大部分通过银行获得借款，也可通过农民协会、农民联合体、农民合作社来获得。

（4）特殊目的工具 SPVs – VCF 新形式。这是一种更加复杂的非直接价值链金融形式，里面包括投入供给商和加工商，是独立公司共同拥有的，如通过加工商、投入品提供商和银行。在 SPV 和农户之间签订的合同可以包括投入、产出、信用的提供者。SPVs 中一个非常重要的优势是参与者可以分担合同违约的风险，因此它将促进公司投资，否则将被风险问题所阻止。

**2. 农业价值链金融模式的实践**

农业价值链金融模式主要出现在发展中国家，近几年我国的部分地区也有出现，比较典型的是"龙江银行模式"。"龙江银行模式"主要是农户以农产品购销合同为依托，依靠公司、专业协会等作担保，由龙江银行为农户提供贷款，最后在产品销售款中将贷款本息扣除的运营方式。"龙江银行模式"主要表现为两种形式：一是"农户＋合作社＋公司＋银行"；二是"农户＋公司（协会）＋银行"。

（1）"农户＋合作社＋公司＋银行"。此种形式主要表现在粮食种植户。具体做法是：农户以土地入股的形式加入合作社，合作社再将土地承包经营权质押给龙江银行以获得贷款。同时龙江银行作为中介帮助合作社与中粮集团订立玉米购销合同，龙江银行将合作社的贷款本息从中粮集团支付的玉米款中扣除，以保证信贷资金的封闭式运行。龙江银行不仅帮助合作社寻找销售渠道，还为合作社提供玉米生产的技术指导，定期发布病虫害灾情预警报告。截至 2011 年 2 月末，龙江银行已对该试点投放贷款 2000 余万元，土地规模化经营面积已从 2008 年的最初 1 万亩增加到 7 万亩，每亩粮食增产 600 余斤，为公司稳定粮源 5 万吨（刘西川等，2012）。

（2）"农户＋公司（协会）＋银行"。此种形式主要表现在养殖户或蔬菜大棚户。主要做法如下。一要针对养殖户，是公司按照"五统一"的方式发展养殖户，即统一培训、统一防疫、统一供雏供料、统一回收毛鸡、统一核算。公司与养殖户签订肉鸡养殖购销合同，高于市场价提供鸡苗和饲料，高于市场价收购成品鸡；养鸡户需要贷款时，公司出面为养殖户提供担保，并提供养殖户的经营状况、个人及家庭信息等；养殖户将产品鸡卖给公司后，依据公司与银行的协议，由公司直接将贷款本息扣除。二要针对蔬菜大棚户，协会对会员生产的蔬菜统一供应种肥、统一技术指导、统一销售；对有贷款需求的农户，首先五户联保，将大棚的发包权交给协会，由协会提供贷款担保；销售回款时，依据协会与银行的协议，协会协助银行将贷款本息扣除。截至 2011 年，龙江银行已投放养殖贷款 2000 余万元，惠及农户 2000 户；投放种植贷款 1131.5 万元，惠及农户 2000 余人次，覆盖棚室 500 余栋（刘西川等，2012）。

**3. 农业价值链金融模式的适应条件**

价值链金融方式是将农业生产链条中各个环节的资金需求和金融供给

相结合，将农业价值链中各个环节的不同参与者融入信贷市场，所以这种融资方式要求如下适用条件。

（1）农业产业化程度较高。较高的产业化程度可使生产环节分工更为清晰，农业生产者、投入品供应者、零售商、批发商、加工商之间相互协作，为下游生产者提供必要的资金或投入品方面的帮助。

（2）合同双方建立充分的信任。价值链金融包含多种模式，有通过银行取得信贷的，也有未通过银行直接从公司取得资金和投入品的。从银行得到贷款需要遵照国家关于贷款的相关抵押担保的规定，而公司为农户提供担保以及直接为农户提供资金或投入品的，就需要合同双方建立在充分信任的基础上，互担风险，互享收益。

（3）国家经济政策环境相对稳定。稳定的经济政策环境不仅对投资，而且对以链条为基础的金融形式都是核心条件，是发展中国家企业最基本的关注点。既然价值链金融是一种金融活动，经济政策环境的不稳定性可能引起合同条件发生改变，是自我执行力所不能控制的。

（4）各上游公司有明显的竞争范围。竞争对于效率与公平都是重要的，竞争可以诱导加工商、零售商、投入品供应商提供价值链金融，这样公司对农民不会形成垄断，可充分保护农民利益。

（5）政府应支持创新融资手段。成功的价值链金融手段应该是灵活的、允许调整以反映环境的变化。目前的一些以链条为基础的金融创新手段中政府的角色是有限的。政府应当在价值链金融中充当重要角色，如加强监管和法律体系建设，或者在融资中投放初始资金以创新融资手段。

### 4. 农业价值链金融模式存在的主要问题

（1）农业价值链金融主体参与度不高。农业价值链金融的主要参与主体是农户和农业企业。由于相当多的农户还带有浓重的小农意识，市场意识、竞争意识不强，对农业产业发展积极性不足，"等靠要"思想严重。大多数农业企业规模小、装备差、科技含量低，农产品生产、加工、流通链条短，加工能力弱，农产品转化增值能力欠缺，竞争能力不强。由于农户和企业依存度处于相对松散状态，对价值链金融的动力不足，取得银行信贷的条件不足。

（2）社会诚信体系不完善。在价值链金融的几种形式中，订立合同是链条各方交易的前提条件，合同大部分采用书面形式，也有采取口头约定的，订立合同双方都需要彼此充分信任与了解才能使合同顺利完成。但当前社会整体的诚信体系还不完善，很多合同带有欺骗性和虚假性，合同违约现象屡屡出现，使当事人蒙受很大损失。

（3）农业价值链金融的政府管理手段欠缺。政府应针对当今农业价值链金融的一些棘手问题，如在信用捆绑、质押物监管、交易文本的确定等方面，出台相应的法律规定与政策措施，以确保融资的顺利进行。关于信贷抵押担保物不足问题，政府一方面应加快理顺相关法律关系，明确农村土地承包经营权的抵押担保资格；另一方面，可探索由政府出资为农业企业提供担保，缓解企业贷款难问题。

### 6.2.4　移动金融模式

随着移动信息技术的发展，银行业信息科技、业务模式不断革新，移动金融就是将移动通信技术应用于金融领域而产生的。提瓦里（Tiwari，2007）等提出，移动金融是通过电子移动设备和计算机网络来实现物品和服务权属的交易模式；德沃斯（De Vos，2008）等研究得出了移动金融服务创造出的客户价值；劳伦（Lauran，2005）等研究了使用移动银行的行为意图；拉滕（Ratten，2008）给出了一个概念模型，即 WAP 银行；里瓦里（Riivari，2005）指出了移动银行已成为新型 CRM 工具，能为公司提供强有力的金融服务；提瓦里（Tiwari，2007）和布斯（Buse，2007）提出，商业银行移动金融业务主要包括手机银行和手机支付两大部分，手机银行是银行通过移动网络设备提供各种金融服务，手机支付是进行本地支付的金融行为。移动金融消除了原有的固定网点模式的地域、时间方面的限制，随时随地可以通过网络获取金融服务，还可提供本地的通信消费功能，非常方便、灵活，也很安全（李麟等，2013）。

基于上述优势，移动金融服务在农村有广大的发展空间，原因包括以下几个方面。一是农业的发展为农村金融服务提供了契机。近年来，农业的发展不断向纵深推进，新型农业经营主体对农村金融需求总量显著增加，虽然近几年农村金融体制改革已取得了可喜的成绩，但从目前来看，农村中小银行，如村镇银行、贷款公司等无论在数量和服务质量上都远远不能满足实际需求。为此，中国人民银行采取措施，对农村互联网金融进行改革，有效降低了金融服务成本，克服了一些传统金融模式的固有缺点。二是可以克服金融机构在农村设立固定服务点成本大、覆盖率低的弱点。我国农村地域广大，农民居住分散，经济发展水平低、地理人文环境迥异，金融业务量不够，金融机构在农村设立固定服务点将投入很多的人力、物力和财力，与银行自身的趋利行为存在很大矛盾。而移动金融克服了远程服务、居住分散、人文环境等因素的局限，操作极为方便，为金融机构节约了大量成本。三是农村网民占中国总网民数的1/3。据悉，农村的网民数约有1.7亿人左右，约占总网民数的1/3，其中手机网民有1.5亿人。2014 年 7 月，宜信启动了甘肃农村金融调研，调研结果显示，68.7%的农户已经使用互联网，而其中65.5%通过手机上网。手机在农村的普及率越来越高，借助手机实现移动金融将有效改善农业金融服务现状。

**1. 移动金融模式的形式**

（1）移动支付。移动支付是利用移动设备进行资金支付业务的一种金融活动。主要包括四个支付模型。一是 SMS 支付，即通过短信输送命令方式实现银行交易。这种形式安全性低、速度慢，其业务受到很大限制，只能用于简单的业务操作，如查询、缴手机费等。二是直接移动账单，即用户在移动站点使用移动支付选项实现支付。这种形式安全、便捷，常用于在线购物的第三方交易平台和各类在线支付业务。三是 WAP 移动网络支付，即用户从 Web 网页上下载额外的应用程序来实现支付。四是本地近距离支付，极大拓展了移动金融业务领域。

（2）手机银行。主要包括账户查询、自助转账、金融服务、自助缴费等。近年来商业银行通过这种形式向其客户提供资金转移、股票管理交易、资金管理等一系列业务活动。随着互联网时代的到来，手机银行也将快速替代实体银行业务，成为未来的主流模式。

### 2. 移动金融模式的实践

（1）移动金融在国外的实践。随着全球通信技术的迅猛发展，韩国、日本在电子及通信产品方面具有优势，手机的普遍使用以及不断更新使这两国的手机银行业务在亚洲地区具有代表性，韩国的手机银行业务虽然起步较晚，但其业务增速已大幅超过电话银行。在美国，目前每月有1500万用户使用手机银行，移动用户越来越将手机视为全方位生活管理的核心。英国付款委员会决定，从2009年12中旬起至2018年10月底，英国将逐步取消支票付款，积极推进电子、手机等其他付款方式。一旦政策和技术市场等发育成熟，发达国家将成为移动金融的主力军。

移动支付在一定程度上促进了农村金融环境的改善，国际上对此已经有相当成功的模式和实用经验，非洲和东南亚一些国家在移动支付方面积累了丰富的经验，其中，较为典型的是肯尼亚移动运营商Safaricom推出的M–Pesa手机银行业务。由于银行门槛高，面对的是少数高端客户，肯尼亚有38%的人口在M–Pesa推出前没有享受过任何金融服务（王昌盛等，2014），伴随着M–Pesa的发展，超过半数的人已成为金融服务的受益者。2014年，该服务处理了超过200亿美元的交易，这一数字超过了肯尼亚GDP的40%。M–Pesa能获得快速发展的一个主要原因在于，该服务通过肯尼亚最大的移动运营商Safaricom来提供。肯尼亚人已经很信任Safaricom来管理资金，由于缺乏竞争，且不存在市场碎片化问题，因此M–Pesa的发展迅速。另一个原因是肯尼亚银行业欠发达，道路交通状况不佳以及政府的不稳定，因此M–Pesa对人们很有吸引力。第三个原因是M–Pesa为基础设施提供服务。在肯尼亚的许多农村地区，电网建设较为落后，全国有3500万居民仍然依靠煤油灯生活，并需要利用汽车电瓶中的电量给手机充电。目前，一家名为M–KOPA的公司开始向肯尼亚人提供廉价的太阳能面板，而M–Pesa是该公司业务的核心。M–KOPA以非常低的价格销售设备。用户只需一次性支付30美元，剩余款项可以在一年内分期支付。每一块太阳能面板的内部都集成了一张SIM卡，能连接至Safaricom的移动通信网络。随后，用户可以使用 M－Pesa 去支付账单。如果他们不付费，那么就无法获得电力。正如盖茨所说，"向最贫穷人群提供此类银行服务符合经济学原理。这里没有银行网点和 ATM 机，只有手机。由于贫困人群对银行服务有着强烈的需求，而穷人也可以成为带来利润的用户群体，因此发展中国家的创业者正在从事令人兴奋的工作"（http：//www.100ec.cn，2015）。

（2）移动金融在我国的实践。党的十八届三中全会通过的《中共中央关于全面深化改革若干重大问题的决定》指出，要金融创新，发展普惠金融，丰富金融产品和金融市场层次；2020 年的《政府工作报告》明确提出了"互联网＋"行动计划，并将其上升到国家发展战略。传统金融管理体制存在农村金融机构匮乏、融资成本与服务成本高、农村信贷坏账率高、农村资金大量外流等情况，致使农村信贷需求与农业信贷错位、农业经营主体贷款难已成为农业发展的严重制约因素。如今互联网凭借其低成本、高效率和无国界的优势，弥补了传统农村金融服务固有的缺点，形成促进农业发展的"移动融资模式"。

当前我国的移动融资模式主要由四部分组成。一是以村村乐、大北农、新希望为代表的"三农"服务商。"三农"服务商在农业产业领域深耕多年，积累了丰富的用户数据和客户资源，可迅速为农业生产者提供融资服务。二是以阿里、京东、一亩田、云农场为代表的电商平台。阿里旗下的蚂蚁金服在农村开展 B2C、C2C 电子商务，提供支付宝和借呗等互联网金融产品；京东商城开展 B2C 电子商务；一亩田和云农场开展 B2B、B2C 电子商务，分别提供农易贷和云农宝信贷产品。大型电商平台收集了销售者和供应商的信用数据以及消费者的购买数据，数据已成为电商平台进入农业融资领域的最大优势。三是以翼农贷、宜信、开鑫贷为代表的 P2P 平台。如翼农贷作为联想集团战略投资的企业，是中国首倡"同城 O2O"概念的互联网金融企业，拥有约 1000 个区县市网点，线下运营中心由各级加盟商（代理商）组成。四是以信用社、农业银行、邮储银行为代表的传统金融机构，运用互联网手段和技术重塑农村金融业务。

传统金融机构运用互联网手段和技术重塑农村金融业务的典型例子有甘肃"四融"模式和宁波手机信贷模式。

（1）甘肃"四融"模式。2014 年初，中国农业银行甘肃分行充分利用和挖掘现有的融资渠道、金融产品和资源，以互联网为纽带，打造了集融通、融资、融智、融商于一体的"四融"平台。"融通"平台旨在打通农村金融服务"最后一公里"，"融资"平台着力破解三农领域产前缺资金的难题，"融智"平台主要突破农民产中生产科技能力的限制，"融商"平台则为千家万户的农民搭建了对接市场的大通道，解决他们产后通市场的问题。这四个环节环环相扣，克服了传统金融模式的局限，成为新时期金融支农概念的全新拓展和延伸。每一台终端设备都会有一张以设备运营负责人为户名注册的农行储蓄卡，村民取钱由他先支付现金，农行会将相应金额转入他的账号；村民存钱由他先收取，过后农行会从他的账号划走该笔交易金额。"四融"平台比转账电话功能更强大，而且是村民们比较容易熟悉的触摸式操作，十分直观简便。

"四融"平台除了能为农民提供账户查询、小额存取现、转账结算等基础金融业务外，还可以办理新农合、新农保、话费、水电费等代缴费业务，简单便利，降低了交易成本。为了进一步适应农业发展的要求，有效缓解农民融资难的问题。"四融"平台积极主动与新型农业经营主体对接，帮助农民实现自助办理"双联惠农贷款""自助循环贷款""贴心贷"等贷款业务。分行自推出"双联惠农贷款"以来，至今已发放贷款 136 亿元，帮助 20 多万贫困户得到了实惠，发展了生产。"四融"平台的运行，有助于银行通过农民等个体的交易行为，丰富农民个人的信用记录，从而建立有效的农村征信体系，为银行有的放矢地投放信贷资金提供可靠的参考依据。"四融"平台通过建立农产品专业交易平台，将有助于行业人士、信息、资金汇集，在有效突破农产品滞销难题的同时，也降低了客商实地考察及交易的成本和风险。截至目前，分行"四融"平台累计注册客户13702 户，客户借助"惠农融商"平台成功交易 2397 笔，交易额达 4.33亿元，发布购销信息 13709 条；各地农民在"惠农融通"平台完成交易2049 笔，交易额达 600.33 万元（唐园结等，2015）。

（2）宁波手机信贷模式。自 2011 年 9 月起，宁波在全国率先试点手机信贷业务，在近半年时间里，率先试水"手机信贷"业务的民泰银行发行 2398 张手机信贷金融 IC 卡，授信总额达到 4.08 亿元，平均授信额度近 22.7 万元，贷款余额 3.17 亿元，贷款利率与普通小微企业金融产品贷款利率持平（崔凌琳等，2012）。目前试点的手机信贷，只需一次授信，一年有效，申请人最多可以获得 50 万元的授信额度，服务对象涉及生产经营性和资信状况良好，经工商行政管理机关核准登记的企业法人及个体工商户。手机信贷采用多种担保方式，受到地理位置相对偏远且抵押物不足的小微企业的欢迎。通过手机操作，贷款人可为自己放款，也可为自己还款，授信贷款可在资金偶尔趋紧时灵活周转，期限少则一周，多则一个月，免去了为几万元一次次向银行申请贷款的烦琐流程。

宁波手机信贷业务在一定程度上体现了普惠金融的特点。一是方便快捷，主要体现为可使用中低端手机，及时贷款还款，简化审批流程等；二是安全性能好，手机信贷金融 IC 卡采用的芯片卡很难被复制和伪造，也不会消磁，安全性更有保障；三是经济实惠，可大大降低传统金融的网点铺设成本和处理频繁小额交易成本，循环小额贷款自助业务还可节省一定利息，降低了客户的融资成本。

### 3. 移动金融模式的适应性

（1）金融实体机构设立少、金融基础设施薄弱的地区。由于受到农村地域、技术和成本方面的局限，商业银行的趋利行为使其往往不愿意在农村设立营业网点，ATM 机等金融基础设施等建设也较为薄弱，很难构建有效的物理融资渠道。而移动金融就可克服这些局限，通过互联网迅速传输信贷相关信息，以解决由于地域问题造成的不方便。

（2）移动通信技术发展较为成熟，安全性能好，传输能力强。由于受到地域的限制，农村居民的信贷业务会大量通过互联网的方式进行，这就需要拥有成熟、安全的移动通信技术作保障，使人们在放心的条件下使用。

（3）开发简单易学、操作方便的信贷管理软件。由于农村居民大多文化水平不高，对于较为复杂的操作系统不易掌握，这需要操作软件简单易学、操作方便。目前已经开发出的很多信贷管理软件已经可以提供这些功能。

### 4. 移动金融模式存在的主要问题

虽然移动金融可以较好地解决农村信贷中的时间与空间问题，加大为农业发展提供金融服务的能力，但还存在很多问题亟待解决。一是农村金融的市场基础薄弱问题。现阶段农村人口庞大但老龄化加剧，外出务工人员增加促使农村空心化程度持续加深；农业生产者文化水平较低，农业增加值幅度有限；农村消费习惯的改变加深了现金支付的占比；农民有信贷需求，但投资理财意识淡薄等。二是网络设施基础建设不足。现阶段村镇互联网基础设施薄弱，农村宽带普及率和电脑普及率均低于 30%，70% 以上的农村居民缺乏互联网知识和利用互联网意识。三是信用体系基础缺乏。现阶段农村金融还不健全，主要以传统的银行存款、取款为主，理财、保险、投资等服务较少，基本没有一个完善的信用体系。四是坏账率高发风险。由于农业生产属于弱质产业，从事农业产业融资的自然及市场风险高、生产周期长、金融机构运营成本高、农业生产的保险体系不完善等都成为农业信贷坏账率高的直接原因；另外，道德风险也是金融机构高坏账率的一个因素。

### 5. 我国移动金融的发展方向

在金融主体方面，应提倡竞争与合作共存。金融机构是企业化运营，盈利是其最大的目的，但是，移动金融模式中的四大组成部分之间不仅仅是竞争关系，为实现最大限度的共赢，彼此之间的合作是非常重要的，如地域之间、人群之间等的合作。在地域方面，在距城市近的地方，传统金融机构可发挥固定网点的优势；在边远地区，远程操作的融资平台可发挥其网络优势。在人群方面，传统金融机构可以针对老客户更新金融产品，而新型融资机构可针对年轻人开发较为"新潮"的融资产品。

在提供金融产品方面，应遵循信贷为主的原则。在发展现代农业的过程中，规模化、商品化生产是必经之路，规模化的资金投入也是必要条件，应最大限度地增加对农业生产信贷资金的支持，以满足新型生产经营主体日益增长的需求。

在移动金融的融资环境建设方面，应加强网络基础设施及社会诚信体系建设。发展移动金融模式，先进的移动通信技术支撑是先决条件。要增加移动基站的建设，使远程用户得到及时、准确、安全的网络信息；开发简便易学、直观操作的融资管理平台，使文化水平不高的人也能迅速掌握。社会诚信体系的完善将对信贷管理产生重要影响，以个人诚信为基础的信贷评价将进一步简化信贷审批手续，降低金融机构的信息运营成本，扩大信贷覆盖面。

## 6.3 本章小结

本章主要围绕信贷供给缺口以及为弥补缺口而实施的几大农业融资创新模式进行评析。根据前文对金融机构信贷资金供给严重匮乏的情况，运用戈德史密斯的相关系数法对 1985～2011 年的金融机构农业贷款供给缺口进行估算，并以此为基础，使用计量软件中的回归预测法对此期间的供给缺口估算进行验算，符合验算要求后使用该回归方法对 2012～2016 年正规农业金融信贷资金供给缺口进行预测。得出缺口预测结果为：2012 年202764.5 亿元，2013 年 242650.7 亿元，2014 年 291164.3 亿元，2015 年350214.4 亿元，2016 年 422131.9 亿元。

面对如此大的供给缺口，各地积极探索信贷融资创新模式，主要包括价值链金融模式、土地金融模式、财政撬动金融模式、移动金融模式四种。

农地金融模式主要表现为农地租赁、农地抵押、农地银行、农地股份合作、农地信托、农地证券等几种形式。国外农地金融的运行模式比较有代表性的是美国和德国，美国的突出特点是国家干预制，德国农地金融制度的一个最大特点就是抵押土地债券化。在我国较有代表性的包括：农地抵押的重庆模式、寿光模式，土地证券化的寿光集合票据模式等。农地金融模式的适应条件包括：农地承包经营有一定规模，当地政府有较强的经济实力，当地有较完善的法律法规及良好的信用人文环境。当前农地金融模式的主要问题包括：一是农地抵押的法律障碍；二是农地抵押评估工作不完备；三是借款农户违约后被抵押农地的变现风险；四是农地金融的风险保障机制欠缺。

在财政撬动金融模式下，建立农业财政补助资金拉动金融信贷资金机制，将有助于形成农业生产资金的有效协调，发挥财政资金的"杠杆"作用，起到"发动器"和"调节器"的作用。财政撬动金融的形式主要包括：担保补助、贷款贴息、农业保险补贴、费用奖补、投资基金。近几年，我国有许多地区都在积极探索财政支农资金拉动金融信贷资金的方式，如江苏的"三项基金"模式。财政撬动金融的适应性包括：需要中央财政与地方财政共同支持，支持对象主要是新型农业经营主体，支持方式主要是对信贷融资所需的抵押担保。财政撬动金融存在的主要问题：一是在地方经济欠发达的地区难以实现；二是新型农业经营主体的不规范运营与市场化的广泛要求存在矛盾；三是相应的配套制度有待进一步发展完善。

价值链金融的主要形式为贸易合同、订单农业、仓单农业等，在我国比较有代表性的是"龙江银行模式"，具体形式为"农户 + 合作社 + 公司 + 银行"和"农户 + 公司（协会）+ 银行"。适应条件为：农业产业化程度较高，合同双方建立充分的信任，国家经济政策环境相对稳定，各上游公司有明显的竞争范围，政府支持创新融资手段。目前存在的主要问题是：农业价值链金融主体参与度不高，社会诚信体系不完善，农业价值链金融的政府管理手段欠缺。

移动金融服务在农村有广大的发展空间。原因在于：农业的发展为农村金融服务提供了契机，可以克服金融机构在农村设立固定服务点成本大且覆盖率低的弱点，农村网民占中国总网民数的 1/3。移动金融模式发展较好的有：甘肃"四融"模式和宁波手机信贷模式。移动金融模式的适应性：一是金融实体机构设立少、金融基础设施薄弱的地区；二是移动通信技术发展较为成熟、安全性能好；三是开发简单易学、操作方便的信贷管理软件。移动金融模式存在的问题主要是农村金融的市场基础薄弱问题和网络设施基础建设不足问题。

## 第 7 章

# 非正规借贷对农业发展的资金支持分析

前面章节主要讨论了金融机构信贷资金对现代农业发展的支持作用，可以看到，金融机构信贷资金是远远不能满足现代农业生产经营的实际需要的，根据预测结果，随着农业生产的不断发展，农业信贷资金的供求缺口将越来越大。因此，不仅要创新农业金融机构信贷资金融资模式，还要拓宽融资渠道，充分合理地利用非正规借贷资金等社会资金补充农业生产资金的不足。近几年，随着农业生产力水平的进一步提高，非正规借贷资金投入农业呈不断上升趋势。本章将以此为背景对农业产业非正规借贷的资金规模进行测算与分析。

## 7.1 问题的提出

随着现代社会的发展，金融日益成为经济活动的核心。金融借贷活动分为两种形式，即金融机构借贷和非正规借贷，金融机构借贷是指国家金融机构依法提供的、接受国家监督管理的金融借贷活动；而非正规借贷则是指游离于金融机构借贷以外的、脱离政府监管范围的金融借贷活动，主要形式包括：私人借贷、私人钱庄、合会等。不论是国际还是国内，非正规借贷都在发挥着重要的作用。从国际上看，罗纳德·麦金农（1973），皮施克、亚当斯和唐纳德（Pischke，Adams and Donald，1987）认为，只有为数很少的农户可以获得金融机构组织贷款，非洲是 5%，亚洲和拉丁美洲是 15%。从国内情况看，国际农业发展基金的研究报告（IFAD，2001）显示，中国农民来自金融机构的贷款仅为非金融机构市场贷款的 1/4。根据何广文（1999）的研究，我国农户从非正规渠道借入的资金已占借款总额的 86.06%，是金融机构渠道的六倍多。

探究非正规借贷的产生渊源，在经济理论方面主要源于以下三个方面。一是二元经济结构理论。新中国成立之初，我国从农业领域汲取大量的资源支援工业发展，其中就包括金融资源，使得城乡经济发展极不均衡，相应形成了"城乡金融二元结构"，致使农村占有的金融资源远远落后于城市。二是金融约束理论，麦金农的金融约束理论认为，"被分割的经济"是发展中国家经济的显著特点，主要表现为金融市场价格的扭曲、信贷管制、金融市场分割等。我国的信贷政策从新中国成立时期起主要是通过中国人民银行向金融机构分配贷款规模实现的，贷款条件的审定、存贷款利率、银行准备金的提取比例以及对信贷机构和信贷员的考核指标等均由国家规定，均带有明显的行政干预色彩。这些行政干预政策使得信贷资源在城乡的配置极不均衡，城市多，农村少；在城市金融资源的配置上也极不均衡，国有企业、大型企业多，中小企业少。三是成本收益理论，从贷款人角度看，金融机构贷款不仅门槛高，往往手续烦琐，待审时间长，综合成本高，而非正规借贷往往是亲朋好友的私人借贷或私人钱庄借贷，手续简单，经营方式灵活，农民乐于接受；从金融机构角度看，农业产业主要集中在农村地区，地点分散，居住密度低，由于信息不对称，使得金融部门对农村地区借款人的放贷调查、贷中监管等交易成本很高；再者，农业产业活动受自然条件影响较大，收益不确定性较高，存在较高的经营风险。这些金融抑制因素严重限制了金融机构对农业的贷款规模。

从我国的信贷市场情况看，同样说明非正规借贷是我国社会经济发展的必然结果。改革开放前，虽然工业生产拿走了大部分资金，但农户还可以通过农业基本建设、农业生产等得到部分低息或无息贷款。随着政策性银行与商业性银行职能的分离，由于农业产业的低收益性与高风险性，使得追逐利润的商业性金融机构逐渐减少了农村的资金支持，从 1998 年至 2002 年初，四大国有商业银行共撤并县及县以下的机构 3.1 万个，中国农业银行 1995～1999 年间撤并县以下农村网点达 30%（严瑞珍等，2003）。农村信用合作社虽说在机构设置上没有太大变化，但对农村生产经营主体放贷的条件很是严格，很多农民望而却步。农村政策性银行——中国农业发展银行虽然也进行了相应的改革，扩大了业务范围，发展为以粮棉油收购贷款业务为主、农业产业化经营和农业农村中长期贷款为辅的业务格局，但其贷款对象也主要是针对农业龙头企业，农村中小企业及农户涉及很少。近几年随着国家关于农村金融服务的相关政策出台，一些农村新型金融主体，如村镇银行、小额贷款公司、农村资金互助社等相继涌现，由于机构规模小、数量少、人员素质相对较低等原因，这些新型农村金融主体的支农能力极为有限（靳淑平，2014）。

由于金融机构农业信贷极为匮乏，非正规借贷在农村地区很是活跃。尽管近年来政府投入了大量的资金发展农村小额信贷，但这只是在一定程度上缓解了农民生产生活上的困难，由于信贷额度小、期限短等缺点不能满足农村扩大再生产的需要；另外，对于农信社来讲，发放成本高，盈利性差，农信社积极性不高，大多数农户仍然从非正规借贷渠道借款。蔡欣怡（Tsai，2001）通过案例调查发现，一些地区的非正规借贷并未被小额贷款项目所取代。非正规金融凭借其方便快捷的经营方式以及基于地缘、亲缘、友缘等关系形成的信任基础等这些金融机构无法比拟的优势，在农村地区迅速发展壮大。温铁军（2001）通过对东、中、西部 15 个省份的调查发现，民间借贷的发生率高达 95%。何广文等（1999）提出农户贷款中来自民间借贷的比重高于 75%。刘玲玲等（2010）对 16 个省份调查发现，通过非正规金融渠道得到借款的农户比例 2006 年为 51.3%、2007 年为 67%、2008 年为 65%。中国农业银行战略规划部等（2014）调查了 29 个省后提出，2013 年全国有 43.8%的农村家庭参与了非正规借贷活动。从贷款额度看，根据《全国农村固定观察点调查数据汇编（2000～2009 年）》相关数据显示，农户户均非金融机构贷款额度占全部贷款额度的比例均在 60%以上。这些数字充分说明了改革开放以来，非正规借贷有力地弥补了金融机构信贷的不足，成为中国农村金融可持续发展的重要支撑力量。

对于非正规借贷的发展可谓众说纷纭。有人认为它已经对金融机构借贷构成严重威胁，应该取缔；有人认为它有力地缓解了借贷融资缺口，应该加速发展；还有人认为非正规借贷虽然对农村金融市场起着正向促进作用，但由于其脱离国家金融法律法规的监管，对金融市场有一定的冲击，应对其加以约束与限制，使其正向发展。事物总是沿着由量变到质变的过程发展变化的，非正规借贷市场应该走向何方，与其提供的资金规模是密切相关的。

关于我国非正规借贷供给量的规模测算，由于数据搜集难度较大，很多文献资料对非正规借贷的覆盖面谈论较多，而对覆盖的金额涉及较少。为数不多的一些专家学者对此进行了一些探索性的研究。郭沛（2004）从宽口径、窄口径角度结合农户及农村私营企业对我国农村1997~2002年的非正规金融规模进行了测算，但使用农户非正规借贷数据与之后的专家学者实地调研数据相比有些小。李建军（2010）将非正规借贷的借款人界定为农户、私营企业、个体工商户等中小经济主体，从借款人角度对我国1978~2008年经济发展中未观测信贷规模进行了测算，但从计算结果来看，2005~2008年农户的未观测短期借贷规模为负数，这个测算结果值得进一步商榷。彭芳春（2010）运用经济金融相关系数法，以北京作为参考点，对武汉的民间金融规模进行了测算，但这一方法是否适用于非正规借贷的测算，还值得进一步探讨。刘莉亚等（2009）对全国31个省份1000个自然村的9193个农户2007年融资情况进行了调查，得出农户70%的借款来自非金融机构渠道，在生产性借款中80%、生活型借款中91%来自非金融机构渠道，但这些调研结果只是比例，没有具体规模数，在实际工作中具有一定的局限性。穆林（2009）对浙江和福建两省、苏士儒等（2006）对宁夏三县的农户民间借贷规模情况进行了调查与分析，但由于调查覆盖面小，难以说明全国的整体情况。

以上诸多专家学者的研究观点对进行非正规借贷规模的测算工作无疑起到了非常重要的指导与借鉴作用，但上述研究一般是针对农户、农村整体非正规借贷的研究情况，而对近年来非正规借贷在农业领域的支持规模研究较少。本章将以农业信贷对农业发展起推动作用为理论出发点，测算我国非正规借贷对农业产业发展的支持规模及发展速度，分析其变化趋势，以期起到相关的决策咨询作用。

## 7.2 规模测算

### 7.2.1 分析框架

总体来看，农业信贷对农业和农村经济的快速发展起到了强大的支撑作用。金融机构借贷融资由于受到政府的强力规制，其统计数据、发展历程、作用贡献得到高度重视与研究，但非正规借贷融资由于其主体的多样性、交易的灵活性和隐蔽性，甚至是非法性，其融资规模和对经济的作用也一直被政府忽视。与测度金融机构借贷规模一样，从测度非正规借贷规模的角度而言，一般有两种方法：一种是供给法，即从供给主体出发，分门别类测算各类主体的借贷供给数量，然后加总；另一种方法是需求法，即从产业需求出发，分别测定各类产业发展对借贷资金的实际需求，然后加总。由于农村非正规借贷供给主体的多样性，及其交易的隐蔽性和非法性，一般的供给主体都不愿意提供详细的交易数量和细节。因此，本研究在测算非正规借贷规模上，只能采用需求法。从需求角度来看，本研究在产业上采取了全产业链的概念，将农业产业按照种养加来分别测算，需求主体则主要考虑农户、农产品加工企业和农民合作社等主体。

### 7.2.2 几个概念

金融机构借贷：借贷需求主体从正规金融机构获取的贷款，一般来源于银行、信用社、资金互助社贷款等。

非正规借贷：借贷需求主体从正规金融机构以外渠道获取的贷款，一般来源于亲朋好友、民间贷款、高利贷、地下钱庄借款等。

农村借贷：农户、农村企业及各类组织为满足各自需求而从借贷供给方获取的贷款。农户贷款主要包括生产经营性贷款和消费性贷款两部分，农村企业及各类组织贷款一般是生产经营性贷款。如果借贷供给方为正规金融机构，则为农村金融机构借贷；如果借贷供给方为正规金融机构以外的渠道，则为农村非正规借贷。

农业产业借贷：农业产前、产中和产后生产经营主体（一般为农户、农村企业及各类组织）为进行农业生产经营活动而从借贷供给方获取的贷款。如果借贷供给方为金融机构，则为农业产业金融机构借贷；如果借贷供给方为金融机构以外的渠道，则为农业产业非正规借贷。

农村借贷与农业产业借贷二者是总体和局部的关系，前者范围大于后者。农村借贷是总体，范围较宽，不仅包括农业经营主体的生产经营借贷，还包括其他产业借贷、消费借贷等；而农业产业借贷只是农业经营主体的生产经营借贷。

### 7.2.3　研究假设

对非正规借贷对农业发展的支持规模进行测算是个较为困难的事情，可参考的文献资料及数据很少。本测算将建立如下假设：一是农业产业经营主体主要包括农户、农村中小企业及各类经济组织等；二是农业经营主体投资来源于以自身积累为主的内源融资和以金融机构与非正规借贷为主的外源融资，非金融机构股权投资忽略不计；三是借贷支持农业产业发展的范围包括农林牧渔业以及农产品加工业①；四是农村中小企业及各类经济组织的贷款为全部生产性贷款；五是农村中小企业及各类经济组织的非正规借贷的融资比例在各年保持不变；六是农业产业金融机构借贷与非正规借贷对农业产业总产值的单位数量贡献一致。

---

①　农产品加工业的统计口径包括食品加工制造、烟草加工、纺织、服装加工、皮革加工、木材加工、造纸、印刷等十多个行业，统计数据显示，近几年乡镇企业中食品业产值占农产品加工业产值均在1/3左右，故在以下测算中农产品加工业的部分数值以食品业代替。

## 7.2.4　估算方法

### 1. 数据来源

本章关于农户与农村中小企业及组织金融借贷的相关调查分析数据，主要来源于目前较为权威的中共中央政策研究室及农业部的《全国农村固定观察点调查数据汇编（2000—2009 年)》、国务院发展研究中心农村经济研究部的《中国农村金融调查》、中国人民银行农户借贷情况问卷调查分析小组的《农户借贷情况问卷调查分析报告》以及中国农业银行战略规划部等的《中国农村家庭金融发展报告》等大样本调查数据。关于一些宏观数据，如总产值、正规贷款额等主要来源于中国人民银行的《中国农村金融服务报告》和历年的《中国金融年鉴》《中国统计年鉴》《中国乡镇企业及农产品加工业年鉴》。上述资料未直接阐明的数据则按照相关方法推算而得。

### 2. 估算方法

（1）农户农林牧渔业非正规借贷额（$T_{ilfa}$）计算方法为：

$$T_{ilfa} = T_{ilfp} \times R_{fa}$$

$$T_{ilfp} = T_{ilf} \times R_f$$

$$T_{ilf} = T_{flf} \times M_f$$

其中，$T_{ilfp}$ 为农户生产性非正规借贷额，$R_{fa}$ 为农户生产性非正规借贷额中农林牧渔业所占比重，$T_{ilf}$ 为农户非正规借贷额，$R_f$ 为农户非正规借贷中生产性所占比重，$T_{flf}$ 为农户正规借贷额，$M_f$ 为农户非正规借贷占正规借贷倍数。

（2）农村企业及组织农林牧渔和农产品加工业非正规借贷额（$T_{ileoa}$）计算方法为：

$$T_{ileoa} = T_{ileo} \times R_{eoa}$$

$$T_{ileo} = T_{leo} \times R_{eo}$$

$$T_{leo} = T_{fleo} / (1 - R_{eo})$$

$$T_{fleo} = T_{fle} + T_{flo}$$

其中，$T_{ileo}$ 为农村企业及组织非正规借贷额，$R_{eoa}$ 为农村企业及组织非正规借贷额中农林牧渔及农产品加工业所占比重，$T_{leo}$ 为农村企业及组织借贷额，$R_{eo}$ 为非正规借贷占农村企业及组织借贷额的比重，$T_{fleo}$ 为农村企业及组织正规借贷额，$T_{fle}$ 为农村中小企业正规借贷额，$T_{flo}$ 为农村各类组织正规借贷额。

（3）农业产业非正规借贷额（$T_{ila}$）计算方法为：

$$T_{ila} = T_{ilfa} + T_{ileoa}$$

其中，$T_{ilfa}$ 为农户农林牧渔业非正规借贷额，$T_{ileoa}$ 为农村企业及组织农林牧渔和农产品加工业非正规借贷额。

（4）农业产业单位借贷资金贡献度（$CD$）计算方法为：

$$CD = GDP_a / (T_{ila} + T_{fla})$$

$$GDP_a = GDP_{fa} + GDP_{eoa}$$

其中，$GDP_a$ 为农业产业总产值，$GDP_{fa}$ 为农户农业总产值，$GDP_{eoa}$ 为农村中小企业及组织——农林牧渔和农产品加工业总产值，$T_{ila}$ 为农业产业非正规借贷额，$T_{fla}$ 为农业产业正规借贷额。

### 3. 相关参数确定

农户生产性非正规借贷额中农林牧渔业所占比重（$R_{fa}$）。根据《农户借贷情况问卷调查分析报告（2009）》相关调查结果，非正规借贷中用于农林牧渔业发展的约占75.15%左右。依照投入产出的正向比例关系，通过测算 2008～2012 年农户农林牧渔业收入占农户家庭纯收入比例的年增长率，计算出 2008～2012 年的农户农林牧渔业借贷占生产性非正规借贷的比重。

农户非正规借贷中生产性所占比重（$R_f$）。2007 年数据在《农户借贷情况问卷调查分析报告（2009）》中有所涉及，在非正规借贷中生产性用途占 30.44%。《中国农村家庭金融发展报告（2014）》中提到"农户的非正规借贷平均为 3.65 万元，其中农业/工商业为 1.1 万元"，经推算生产性用途占 30.14%。

农户非正规借贷占正规贷款倍数（$M_f$）。《全国农村固定观察点调查数据汇编（2000—2009 年）》样本遍及全国 20000 多个固定观察点，调查数据包括农户家庭借贷总额、正规金融机构借贷额以及非正规借贷额。关于2007年数据，《全国农村固定观察点调查数据汇编（2000—2009年)》与《农户借贷情况问卷调查分析报告（2009)》均有涉及，根据测算与对比，二者差距较小，均在1.5~1.6之间，说明《全国农村固定观察点调查数据汇编（2000—2009年)》中关于计算"农户非正规借贷占正规贷款倍数"的数据较为准确，故2007~2009年选用该数据。关于2012年数据，中国农业银行战略规划部等的《中国农村家庭金融发展报告（2014)》中提到"农户民间借贷占全部负债的64.6%"，故正规借贷应为35.4%，倍数被推算为1.8249。

农村企业及组织非正规借贷额中农林牧渔及农产品加工业所占比重（$R_{eoa}$）。根据《中国农村金融调查》中不同行业的企业借款渠道调研结果，经推算，农业和食品加工业来源于信用社借款等正规渠道借款的比例为67.5%，来源于亲友借款等非正规渠道的比例也为67.5%，[①]故将农村企业及组织非正规借贷额中农林牧渔及农产品加工业所占比重估算为50%。

农村中小企业及组织非正规借贷占借贷总额比重（$R_{eo}$）。根据《中国农村金融调查》中提及的"农村企业的正规金融贷款占到其借款总额的88.23%"，推算非正规借贷占农村企业及组织借贷额的比重为11.77%。

农业产业正规借贷额（$T_{fla}$）。该指标系"农业贷款"与"乡镇企业中农业与农产品加工企业贷款"合计计算而得，其中"农业贷款"来源于《中国金融年鉴》，"乡镇企业中农业与农产品加工企业贷款"无现成数据可用，只能根据《中国金融年鉴》中"乡镇企业贷款"与"农业与农产品加工企业在乡镇企业所占比重"进行推算，该比重用"农业与农产品加工企业的年产值占乡镇企业总产值的比重"替代。

### 7.2.5　测算结果

根据表7-1的测算结果，2007~2012年，农村中的农户和中小企业

---

① 在调查时农户借款来源不是唯一的，有信用社借款的同时也存在向亲朋好友借款。

从事农业产业生产的非正规借贷融资总量一直呈现上升态势，占农户和农村中小企业农业产业金融机构贷款的比例也在不断扩大，2012 年已达到71%；两类农业经营主体各自的农业产业生产的非正规借贷融资也都在逐年增长，但农业中小企业的增长速度要快于农户，年均增长 37.96%，比农户快 12 个百分点；但农业产业单位信贷资金对农业产值的贡献度却呈逐年下降趋势，年均递减 2.58%。

表 7-1　　　　　　　农村非正规借贷对农业产业的支持规模估算

| 项目 | 2007 年 | 2008 年 | 2009 年 | 2010 年 | 2011 年 | 2012 年 |
|---|---|---|---|---|---|---|
| 农户金融机构贷款总额[a]（亿元） | 13399.00 | 15170.00 | 20134.00 | 26043.20 | 31023.00 | 36193.00 |
| 农户非正规借贷占金融机构贷款倍数[b] | 1.5078 | 1.2719 | 1.6629 | 1.7153 | 1.7693 | 1.8249 |
| 农户非正规借贷总额（亿元） | 20203.01 | 22873.33 | 25608.43 | 44671.90 | 54888.99 | 66047.12 |
| 其中：生产性所占比重[c] | 0.3044 | 0.3038 | 0.3032 | 0.3026 | 0.3020 | 0.3014 |
| 农户非正规借贷总额（生产性）（亿元） | 6149.80 | 6948.92 | 7764.48 | 13517.72 | 16576.48 | 19906.60 |
| 其中：农林牧渔业所占比重[d] | 0.7515 | 0.7547 | 0.7433 | 0.7440 | 0.7388 | 0.7278 |
| **农户非正规借贷金额（农林牧渔业）（亿元）** | **4621.57** | **5244.36** | **5771.15** | **10056.98** | **12246.47** | **14487.23** |
| 农村中小企业金融机构贷款[e]（亿元） | 17390 | | 26581.3 | 37868.2 | 85124 | 103544 |
| 农村各类组织金融机构贷款[e]（亿元） | 4455 | | 5847.6 | 6415.6 | 5181 | 5648 |
| 农村中小企业及各类组织金融机构贷款合计（亿元） | 21845 | 26616[h] | 32428.9 | 44283.8 | 90305 | 109192 |
| 农村企业及组织贷款合计（亿元） | 24759.15 | 30166.61[h] | 36754.96 | 50191.32 | 102351.81 | 123758.36 |
| 农村企业及组织非正规借贷合计（亿元） | 2914.15 | 3550.61[h] | 4326.06 | 5907.52 | 12046.81 | 14566.36 |
| 农村企业及组织非正规借贷比例——农林牧渔和农产品加工业[f] | 0.5 | 0.5 | 0.5 | 0.5 | 0.5 | 0.5 |
| **农村企业及组织非正规借贷金额——农林牧渔和农产品加工业（亿元）** | **1457.08** | **1775.305[g]** | **2163.03** | **2953.76** | **6023.40** | **7283.18** |
| **农业产业非正规借贷额合计（亿元）** | **6078.65** | **7019.67** | **7934.18** | **13010.74** | **18269.88** | **21770.41** |
| 农业产业总产值（亿元） | 100015.47 | 117509.34 | 124809.49 | 147456.15 | 174076.3 | 199464.4729 |
| 其中：农户[h] | 48893.02 | 58002.15 | 60361.01 | 69319.76 | 81303.92 | 89453.05 |
| 农村中小企业及组织——农林牧渔和农产品加工业[i] | 51122.45 | 59507.19 | 64448.48 | 78136.39 | 92772.38 | 110011.42 |

续表

| 项目 | 2007 年 | 2008 年 | 2009 年 | 2010 年 | 2011 年 | 2012 年 |
|---|---|---|---|---|---|---|
| 农业产业金融机构借贷额[j]（亿元） | 17028. 15 | 19229. 49 | 23487. 34 | 25326. 18 | 27118. 67 | 30678. 30 |
| 农业产业单位借贷资金贡献度（元） | 4. 33 | 4. 48 | 3. 97 | 3. 85 | 3. 84 | 3. 80 |

注：a 表示数据来源于中国人民银行农村金融服务研究小组发布的《中国农村金融服务报告》。b 表示 2007～2009 年数据根据农业部农村经济研究中心农村固定观察点相关调查数据计算而得；2012 年数据根据中国农业银行战略规划部、中国家庭金融调查与研究中心发布的《中国农村家庭金融发展报告》相关数据计算而得；2010～2011 年数据根据 2009～2012 年的年均增长率推算而得。c 表示 2007 年数据根据中国人民银行农户借贷情况问卷调查分析小组发布的《农户借贷情况问卷调查分析报告》相关数据计算而得；2012 年数据根据中国农业银行战略规划部、中国家庭金融调查与研究中心发布的《中国农村家庭金融发展报告》相关数据计算而得；2008～2011 年数据根据年均增长率推算而得。d 表示 2007 年数据根据中国人民银行农户借贷情况问卷调查分析小组发布的《农户借贷情况问卷调查分析报告》相关数据计算而得；2008～2012 年根据农户农林牧渔业收入占总收入的比例增幅计算而得。e 表示来源于中国人民银行农村金融服务研究小组发布的《中国农村金融服务报告》。f 表示根据韩俊等《中国农村金融调查》中"不同行业的企业借款渠道分布"部分的相关数据推算而得。g 表示由于 2008 年农村企业各类组织的相关数据不全，故 2008 年"农村企业及组织非金融机构借贷金额——农林牧渔和食品加工业"数据根据 2007～2009 年均增长率推算而得，其他数据则以此数据为基础，结合有关参数计算而得。h 表示来源于《中国统计年鉴》中"农业总产值"。i 表示根据历年《中国乡镇企业及农产品加工业年鉴》相关数据计算而得。j 表示根据历年《中国金融年鉴》中"农业贷款""乡镇企业贷款"以及相关数据整理而得。

## 7.3 测算结果分析

### 1. 农业产业的非正规借贷融资总量一直呈现上升态势

2007～2012 年，农业产业生产的非正规借贷融资总量一直呈现上升态势，从 2007 年的 6078.65 亿元上升到 2012 年的 21770.41 亿元（见图 7-1），其中 2007～2009 年三年间增幅较小，每年大致在 1000 亿元左右。2010 年以后的三年间增幅较大，每年均超过 3000 亿元。究其原因，近几年国家连续发布的一号文件强调要大力发展现代农业，使得农业生产规模化、现代化、产业化程度逐年提高，对生产经营中的资金需求也随之逐年增大，但由于受到金融信贷条件的种种制约，金融机构信贷资金的供给量远远满足不了生产经营的需要，对非正规借贷资金的需求日趋增大。

（亿元）

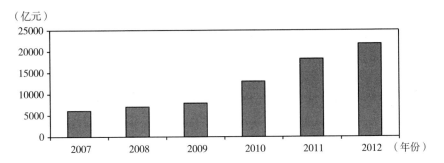

**图 7 - 1　2007 ~ 2012 年农业产业非正规借贷额**

资料来源：根据表 7 - 1 相关数据而得。

**2. 农业产业非正规借贷与其金融机构借贷的比值不断升高**

通过上述计算结果可以看出，农业产业非正规借贷规模占其金融机构贷款规模比值在逐年上升，从 2007 年的 35.7% 已经上升为 2012 年的 71%，提升了一倍，其中以 2010 年、2011 年增幅较大，2010 年增幅较上年提高 17 个百分点，2011 年也较上年提高了 16 个百分点（见图 7 - 2）。可以推断，农业产业金融机构借贷资金已远远不能满足当前农村发展农业的实际需求，农业产业非正规借贷已成为农业生产主体不可缺少的资金渠道。

（%）

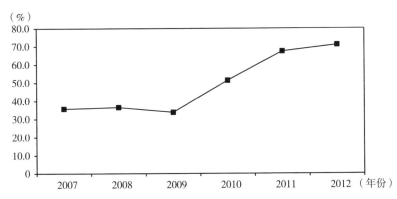

**图 7 - 2　农业产业非正规借贷与其金融机构借贷的比值**

资料来源：根据表 7 - 1 相关数据计算而得。

**3. 农业产业生产经营两大主体非正规借贷呈现此消彼长的发展格局**

农业产业生产经营主体主要包括农户和农村中小企业及组织，各生产经营主体在非正规借贷款占比中，总体上农户占有绝大部分比例，近些年一直持续保持在 60% 以上，而农村中小企业占比较低，近些年不足 40%，说明农业发展中非正规借贷款主要集中在农户，农户得到正规金融机构支持的机会远低于农村企业，原因是多方面的，如农户生产规模小、居住点分散、缺乏信贷知识、缺乏有效担保抵押品等。

从各生产经营主体非正规借贷款趋势看，农户的农业生产非正规借贷款近些年出现逐年下降态势，从 2007 年的 76.03% 下降到 2012 年的 66.55%，五年下降了 10 个百分点。而农村中小企业及组织占比则呈现逐年上升态势，从 2007 年的 23.97% 上升到 2012 年的 33.45%，五年间上升了 10 个百分点（见图 7−3）。说明近些年随着农村小额信贷金融服务方式的不断推进，农户从正规金融机构得到贷款的机会较以前大大增加了，从非金融机构渠道取得借贷款相应地减少了。随着现代农业进程不断推进，产前、产中、产后生产环节的产业化生产已成为农业发展的必然趋势，很多面向农业生产的农业企业应运而生，企业的发展必然伴随资金的需求。通过农业中小企业非正规借贷款比例的不断升高可以看出，农业中小企业面临的资金缺口得到金融机构支持受阻，日趋增大的资金缺口使得这些企业只能通过非正规借贷渠道解决。

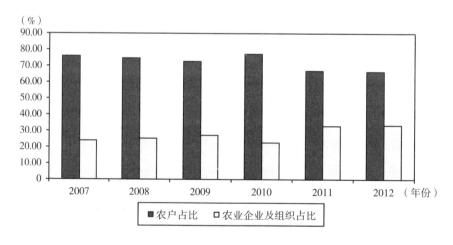

**图 7−3 农业产业生产经营主体非正规借贷款比例关系**

资料来源：根据表 7−1 相关数据计算而得。

### 4. 农业产业单位借贷资金对农业产业发展的贡献度逐年下降

通过表 7 - 1 的计算结果，农业产业单位借贷资金对农业产业发展的贡献度是逐年下降的，从 2007 年的 4.33 元下降到 2012 年的 3.80 元（见图 7 - 4），年均下降 2.58%。农业产业单位借贷资金贡献度下降的最直接的原因是农业产业总产值的降低和借贷资金的增加，而这两个原因都与生产要素相关。首先，高通货膨胀率使得购置农业生产资料、农业机械的成本大大提高，需要更多的资金投入；其次，由于农村青壮年进城务工，农村多是老人和妇女在家务农，农业生产劳动力质量下降；最后，城镇化、建筑用地等使得很多良田丧失，取而代之的是一些后开发的荒滩荒坡，土地肥力不足，降低了产量。

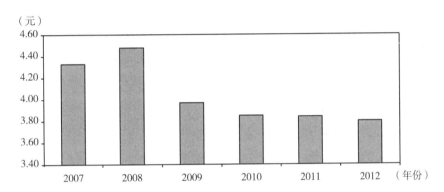

**图 7 - 4 农业产业单位借贷资金对农业产业发展的贡献度**

资料来源：根据表 7 - 1 相关数据而得。

### 5. 农业产业非正规借贷增长速度波幅较大

根据上述计算结果，农业产业非正规借贷年发展速度均超过 10%（见图 7 - 5），其中以 2010 年发展速度最快，达到 64%；其次是 2011 年，达到 40%。如此快的发展速度，充分说明了农业生产领域及农产品加工业非正规借贷方式已为人们广泛接受并且正在积极使用。2012 年农村产业非正规借贷的发展速度明显减慢，主要是由于 2008 年以来国家出台了一系列关于鼓励农业产业发展的方针政策，各地政府也相应出台了一些增加农业贷款的鼓励性措施，很多工商资本、民间资本进驻农业，农村的种植、养殖、加工等投资大幅增加。从农业产业参与主体来看，农村中小企业及组织的非正规借贷发展速度快于农户的发展速度，说明近些年农户小额信贷在一定程度上缓解了农户生产资金短缺的压力。

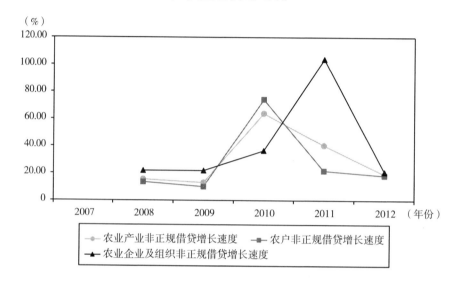

**图7-5　农业产业非正规借贷增长速度**

资料来源：根据表7-1数据计算而得。

通过以上分析可以看到，随着现代农业建设的不断深入，新型农业生产经营主体对生产资金的需求与日俱增，但正规金融借贷远远不能满足他们的需求，非正规借贷是其必然选择。2012年农业产业非正规借贷额为21770.41亿元，已达其正规借贷额的71%，如果照此快速发展的话，农业产业非正规借贷额可能会超过其正规借贷额，发展空间巨大。从经营主体方面看，农村中小企业非正规信贷增长速度明显快于农户。农业企业对资金的需求逐年增大，越来越多的非正规资金流向农业企业，农业产业非正规借贷主体结构正在发生变化。虽然农业产业非正规融资规模发展速度很快，但农业产业整体借贷资金贡献度却在逐年递减，作为资金供给方的商业性金融机构，利益最大化是其经营的最终目标，当投入到农业产业的资金利润空间很小或无利润空间时自然会减少或停止投资，农业产业融资压力越来越大。

　　因此，应充分认识农业产业非正规借贷的重要性，对其采取引导与完善相结合的政策；调整信贷资金支持主体方向，适当向农村中小企业倾斜；提高农业产业融资能力，大力增加以财政资金为拉动力量的信贷资金供给。

##  7.4　本章小结

　　本章的主要研究内容是非正规借贷对农村中农业产业发展的支持规模分析。以中共中央政研室及农业部的《全国农村固定观察点调查数据汇编（2000—2009 年）》、国务院发展研究中心农村经济研究部的《中国农村金融调查》、中国人民银行农户借贷情况问卷调查分析小组的《农户借贷情况问卷调查分析报告》以及中国农业银行战略规划部等的《中国农村家庭金融发展报告》等大样本调查数据为分析基础，对农业经营主体（农户、农业企业）相关数据进行对比分析，合理确定数据标准，测算出农户、农业企业 2007～2012 年非正规借贷的融资规模，以及农业产业单位借贷资金贡献度。根据测算结果，农业产业非正规借贷呈现如下特点：第一，农业产业的非正规借贷融资总量一直呈现上升态势；第二，农业产业非正规借贷与其金融机构借贷的比值不断升高；第三，农业产业生产经营两大主体非正规借贷呈现此消彼长的发展格局；第四，农业产业单位借贷资金对农业产业发展的贡献度逐年下降；第五，农业产业非正规借贷增长速度波幅较大。

# 第 8 章

# 全书结论

## 8.1 研究结论

党的十六大以来，"三农"问题始终是我国社会发展重中之重的任务。当前农业综合生产能力已明显增强，农业装备条件显著改善，科技支撑能力稳步提升，农业产业化水平大幅提高。但是，粮食安全和优质农产品有效供给依然是现代农业发展必须面对的严峻问题。资金投入作为生产要素之一发挥着极其重要的作用，在我国财政支持不足以解决农业生产资金短缺的情况下，金融信贷资金必将成为农业支撑体系中的重要方面。近几年，为了促进信贷资金对现代农业发展的支持力度，国家先后在金融机构准入、贷款利率、财税政策等方面出台相关政策规定，使农业产业贷款较以前有了很大的增加，但与现代农业发展的实际需求相比还存在很大的缺口，因此，为现代农业发展提供充足的农业信贷资金仍是今后工作的重点。通过前几章的分析，本书得出以下结论。

**1. 现代农业和农业信贷均有其自身发展规律，农业信贷对现代农业发展起着强有力的促进作用**

经过几十年的发展，现代农业呈现波动上升的发展态势，先后经历了复苏（1949～1977 年）、快速起步（1978～1984 年）、波动上升（1985～1998 年）、整顿调整（1999～2003 年）和全面提升（2004 年至今）阶段，在生

产力和生产方式方面都得到了迅速的发展。农业信贷的发展也经历了复苏
探索（1949～1978 年）、改革起步（1979～1993 年）、改革调整（1994～
2004 年）和全面提升（2005 年至今）四个阶段，目前已形成了较为完整
的金融机构信贷供给体系。通过二者波动曲折的发展历程，可以看到支持
规模化生产的多元化融资格局已经形成，但我国金融信贷制度改革行政色
彩较为浓郁，农民"贷款难、贷款贵"的问题始终未得到根本解决，资金
投入问题成为制约现代农业发展的"瓶颈"因素。

在实证方面，格兰杰因果检验结果显示，农业信贷是现代农业发展的
因，是现代农业发展分项指标中的人均家庭农业收入、粮食产量、财政支
农水平、劳动生产率、土地生产率的因，这种因果关系表明，改革开放以
来我国农业信贷对现代农业发展水平的提高起了一定的促进作用。根据回
归分析结果，农业信贷水平每增长 1 个百分点，现代农业发展水平可增长
0.067 个百分点；农业信贷对现代农业分项指标中财政支农水平回归系数
最大，农业信贷每提高 1 个百分点，财政支农水平可提高 0.2 个百分点，
说明农业信贷可促进财政支农水平的提高。

**2. 新型农业经营主体对金融机构贷款需求缺口大，其自身生产条件、国家的贷款政策和贷款抵押物成为得不到贷款的主要原因**

农业贷款难、农业贷款缺口大的问题近几年有增无减，尤其对于以规
模化生产为主要特征的新型农业经营主体。调查结果显示，平均每户种养
大户的资金缺口为 47.58 万元，平均每家专业合作社的资金缺口为 135 万
元，平均每家中型农业企业银行贷款缺口达 2692 万元。在金融机构的银行
贷款很难满足需求的情况下，非正规借贷大量涌入，进一步提高了融资成
本，有的地方已经高达 25%。

根据赫克曼两阶段法分析结果，信贷需求满足程度的主要影响因素包
括：户主年龄、从事种养兼业、可提供抵押担保、熟悉贷款手续对"是否
获得贷款"正向影响显著，家庭劳动力负向影响显著，表明年龄处于正当
年、能提供抵押担保、从事种养兼业的农户可获得更多的贷款机会，而家
庭劳动力多的农户获得贷款机会少。关于"获得贷款量"问题，经营规模

正向影响显著，贷款利率、从事种植业负向影响显著，说明经营规模越大获得的贷款量越多，而随着贷款利率的提高以及更多地从事种植业，贷款量则随之下降。

**3. 金融机构的农业产业信贷资金供给量严重不足且不均衡，存款数量、贷款利率、金融机构利润成为显著影响因素**

金融机构的农业产业信贷资金供给量严重不足体现为如下方面：一是政策性银行的主要业务是大宗粮棉油信贷业务、龙头企业贷款以及基础设施贷款等，一般不与农民个人打交道；二是由于农业生产固有的弱质性、农业贷款的交易高成本以及借贷双方的信息不对称等原因，追求利润率为目标的金融机构不愿意将有限的信贷资金贷给从事农业生产的农民，而是"改向"至工商业；三是金融机构从农民手里吸收的存款没有形成支持农业生产的贷款，而是"农转非"流出了农村。信贷资金供给主体不平衡表现在：政策性金融一般不会覆盖到中小农业产业生产者身上，商业性金融支农也是日渐萎缩，农村信用社在提供农业信贷方面成为主力军，近些年一直持续在60%以上。

根据回归分析结果，农业产业信贷供给不足的主要影响因素包括：金融机构存款量、贷款利率在统计上显著，系数为正，说明农业产业信贷资金是随着金融机构存款量以及贷款利率的上升而增加的，存款量越多、贷款利率越高提供的农业信贷量越多；金融机构利润、机构数量在统计上显著，系数为负，说明农业产业信贷资金是随着金融机构利润以及所属机构数量的增加而减少的，越是高利润、附属机构多的金融机构提供的农业信贷量越少。

**4. 多种农业产业融资创新模式各具特点及适应性，应根据具体情况区别应用**

为增加对农业信贷资金的支持力度，目前各地区积极改革创新，涌现出不少各具特色的新型农业信贷融资模式，如农地金融模式、财政撬动金融模式、农业价值链金融模式、移动金融模式等。农地金融模式主要包括农地租赁、农地抵押、农地银行、农地股份合作、农地信托、农地证券等几种形式；适应条件主要是农地承包经营有一定规模、当地政府有较强的经济实力进行保障；当前存在的主要问题是农地抵押的法律障碍、农地抵押评估工作不完备以及借款农户违约后被抵押农地的变现风险等。财政撬动金融模式主要包括担保补助、贷款贴息、农业保险补贴、费用奖补、投资基金等几种形式；适应条件主要是需要中央财政与地方财政共同支持，支持方式主要是对信贷融资所需的抵押担保等；当前存在的主要问题是地方经济欠发达的地区难以实现、新型农业经营主体的不规范运营与市场化的广泛要求存在矛盾。价值链金融模式主要包括贸易合同、订单农业、仓单农业等；适应条件主要包括农业产业化程度较高、合同双方建立充分的信任等；当前存在的主要问题是农业价值链金融主体参与度不高以及社会诚信体系不完善。移动金融模式主要适用于金融实体机构设立少且金融基础设施薄弱、移动通信技术发展较为成熟且安全性能好的地区；当前存在的主要问题是农村金融的市场基础薄弱、网络设施基础建设不足。

**5. 农业产业民间非正规借贷成为农业生产经营资金投入的重要来源，但农业产业单位借贷资金贡献度逐年下降值得关注**

由于农业产业金融机构信贷资金的严重匮乏，非正规借贷凭借其地缘与亲缘优势、灵活机动的经营机制，已成为促进农业发展的重要力量。通过对 2007～2012 年农业产业非正规借贷规模进行估算，结果表明，农业产业生产的非正规借贷融资总量一直呈现上升态势，从 2007 年的 6078.65 亿元上升到 2012 年的 21770.41 亿元，年发展速度超过 10%；农业产业非正规借贷与其金融机构贷款的比值不断升高，从 2007 年的 35.7% 上升为 2012 年的 71%。农业产业单位借贷资金对农业产业发展的贡献度是逐年下降的，从 2007 年的 4.33 元下降到 2012 年的 3.8 元，年均下降 2.58%。

**6. 农业信贷在支持现代农业发展方面已经取得很大成绩，但在完善法律法规、强化信贷供给组织体系建设以及创新融资模式等方面的任务仍然十分迫切与繁重**

尽管农业信贷工作已经在政策制定、机构准入、小额信贷等方面取得了很大成绩，农民从中受益匪浅，但是农村金融组织体系建设问题、政策性银行扶持力度与覆盖面问题、农业信贷资源严重匮乏问题等都将严重阻碍农业信贷的投放力度。虽然国家在贷款抵押担保方面出台了一些政策，但尚处试点阶段，还未大范围铺开。加强农村金融组织体系宏观调控、增加农村中小金融机构设置、修订与完善相关的法律条款、引导与规范农业产业非正规借贷行为、因地制宜创新农业融资模式等都将成为农村金融信贷工作必须关注的环节和任务。

## （8.2） 政策建议

### 1. 重视农业信贷对现代农业发展的显著影响作用，加大农业信贷力度和诚信体系建设

历程分析和实证分析表明，农业信贷对现代农业发展有显著影响，并存在因果关系，农业信贷对现代农业发展起促进作用，加强农业信贷业务，必将促进现代农业发展登上新台阶。对于现代农业的分项指标中农村居民家庭人均收入水平、粮食产量、财政支农水平、劳动生产率等对农业信贷反应敏感的指标，可更多地采用金融信贷手段加以推进；而农田水利设施、农业可持续发展方面的改善对农业信贷反应不敏感，这些方面需要资金较多，要动员全社会的力量，多渠道投入资金。在加强信贷业务的同时，还要注重其他方面的投入，如政策支持、科技投入等。加强诚信体系建设与贷款知识的培训，提高农业生产大户的综合素质，可进一步克服农业生产大户贷款方面的局限性，在申贷过程中少走弯路，更多地得到贷款机会和贷款量。

### 2. 强化政府在信贷服务体系中的作用，建立从中央到地方的全方位农业产业信贷服务模式

由于农业是弱质产业，生产经营规模较小，风险大、盈利率低，使得银行的趋利性特点与之相矛盾。金融机构在发放贷款时往往将上市公司、

国有大中型企业、高盈利产业等列为首选的信贷支持对象，而对于农业产业则是次之对待，使得很多农村中的农业生产主体得不到贷款或得到的贷款很少，远远不能满足生产经营的需要。鉴于这种状况，政府应该着眼于构建由政策性金融、商业性金融、合作性金融相结合的多元化农业融资体系，形成合力为现代农业发展提供资金支持。

在中央层面专门设立具有行政指导职能的"农业产业金融服务管理中心"。该中心对全国的农业信贷支持进行整体规划与布局，包括总体信贷规模、重点发展区域、各家金融机构支持农业发展的任务分工等，真正将支持现代农业发展作为人人必做的公益性事业、作为金融部门业绩考核的指标之一。

加强农村中小金融机构建设，增加农业信贷资源。一是对农村信用社进行深化改革，完善法人治理结构，使之成为农村地区服务"三农"的金融机构主体。由于农村信用社抗御风险能力较弱，需对农信社建立风险补偿机制，加强风险防控能力。二是加强村镇银行、贷款公司、农村资金互助社等新型农村金融组织的建设，发挥亲缘地缘、经营灵活的优势，降低信贷管理中的交易信息成本，减少不良贷款。三是探索开发小额信用贷款、联保贷款和担保贷款等适合家庭农场、农村中小企业的专项贷款产品。四是在财政贴息方面对中小金融机构的农业产业贷款给予更多倾斜，在税收方面给予更多的优惠，提高其对农业产业信贷支持的利润空间。

**3. 调整农业产业信贷支持方向，更多地向农业基础设施、农业中小企业发展方面倾斜**

在广大农村地区，人口居住较为分散，农业基础设施投资大、回收时间长，农业中小企业规模小、抵御风险能力弱，而且国家对这两方面的投资相对欠缺，商业性银行对农业基础设施进行信贷支持的寥寥无几，农业中小企业也是由于信贷政策的刚性条件被银行拒之门外，农田道路、水电等基础设施严重破损老化，急需整修。生产出的农产品由于道路不通而无法销售，中小企业由于缺乏资金而不能将农产品进行加工转化，这些都严重影响着现代农业规模化、商品化生产的发展。随着农业生产向产前、产后延伸，应加强对农业生产的产前服务和产后的农产品流通与加工，真正使农业向产业化方向发展。为农业经营主体提供资金支持时，在不断满足农业生产基本主体——农民的基础上，增加对农村中小企业的支持力度，调动农业中小企业的生产积极性。

**4. 更新信贷模式与手段，加快农地金融、财政撬动金融、价值链金融、移动金融等多种模式进入农业**

鉴于国家信贷政策的刚性要求以及农业生产自身的高风险性，自身缺乏资金、资产的农业生产主体很难得到信贷资金支持，严重影响农业生产规模的扩大以及生产效率的提高，尤其是在发展现代农业的大背景下。为此，首先应鼓励新型的农业信贷模式进入农业生产，如农地金融、财政撬动金融、价值链金融、移动金融等。农地金融是农业生产所用土地经过确权后，将土地承包经营权、土地流转权等纳入抵押担保范畴，排除获取信贷资金的障碍。价值链金融是充分调动农业生产链条中各参与者的积极性，上游企业分别采取直接融资或充当担保人等间接融资方式使农业生产主体获得信贷资金。移动金融是将互联网技术运用到金融服务当中，可进一步节约建设金融机构的实体成本，为边远地区居民提供便利的金融服务。财政撬动金融则是政府出面使用财政资金成立信贷担保基金或担保公司，为农业经营主体提供信贷担保，以放大信贷资金的支持范围，使农业财政补贴真正用到农业生产上，提高农业财政补贴使用效率，扩大利润空间。其次是鼓励种养大户（家庭农场）从事种养结合的兼业化、规模化生产，降低农业信贷风险，获得更多规模收益。根据经济学原理，规模化生产可以带来规模收益，金融机构的趋利行为使得贷款更愿意流向收益高的部门或产业，因此规模化的生产可以吸引更多的农业贷款。

**5. 充分认识农业产业非正规借贷的重要性，应对其采取引导与完善相结合的政策**

根据推算，农业产业非正规借贷额在 2012 年已经达到农业产业金融机构贷款额的 71%，足以说明非正规借贷在农业生产中的重要作用，它借助自身的经营方式灵活、门槛低、方便存储等优势有力地弥补了金融机构农业信贷供给的不足，给农业产业的发展提供了有力的资金支持。但非正规借贷也存在自身的不足，比如利息高、管理不规范、容易引发纠纷等，这些缺点在一定程度上给农业产业发展带来负面影响。所以政府应在充分认识其优缺点的基础上，加大对其进行引导和规范管理的力度。一是对当前具备互助性质、诚实信用的非正规借贷与非法性质的"高利贷"实行区别对待。对前者承认其合法地位，对容易引起纠纷的借贷合同问题应加强管理，在法律层面进行保护，理顺借贷双方关系。对带有非法性质、严重损害借款人利益的"高利贷"要坚决予以取缔。二是改革现有农村金融管理体制，鼓励私人资本投资或入股中小银行，将私人手中的资本向银行集中，积极发展村镇银行等形式的新型农村金融机构。三是鼓励农民专业合作社根据国家相关法律开展金融业务，真正建立属于农民自己的银行，有效缓解农业贷款难、贷款贵、贷款短的问题。

## 8.3　研究的局限

尽管本研究已经做了很多工作，从某种角度看已经取得了一定的研究成果，具有一定的理论意义与实践价值，但是鉴于笔者的研究能力和研究方法，还存在一定的不足与局限。

（1）研究对象范围相对较窄。本书研究的基本目的是探讨现代农业视角下农业信贷需求与供给现状、存在问题及影响因素，并对农业信贷创新模式进行分析。但受到客观条件的限制，金融机构农业信贷供给中未能区分传统农户贷款和新型农业经营主体贷款，仅以金融机构提供的农业信贷总量为研究对象。同时，也没有对农业保险、农业股票、农业债券、农业期货等内容展开分析。

（2）实地调研的样本量相对不足，样本范围也不够广泛。本书研究在数据收集过程中，受限于时间、人力等条件，实地调研区域仅为江苏泰州、湖北监利、广西田东、宁夏贺兰、黑龙江富锦，尽管调查样本涉及五个市县，有一定的代表性，但由于我国地域间自然条件、人文社会经济条件等差异较大，如能进一步扩大样本量及调研范围，将使研究结论更富有说服力。

## ⑧.4 研究展望

本书论述了现代农业视角下农业信贷需求与供给现状、存在问题及影响因素，并对农业信贷创新模式进行分析，但还有很多问题未能解决，有待于深入研究，主要表现在以下四个方面。

（1）对农业信贷创新模式的量化评估。本书对农地金融、财政撬动金融、价值链金融、移动金融等几种信贷创新模式从形式、存在问题及适用条件等方面进行了较为详细的分析，但只是在宏观分析上，而未对每种模式在信贷方面所起的作用进行量化评价，然而对每种模式进行量化评价工作在模式推广方面是非常重要的。

（2）对农业信贷支持政策执行效果的评价。本书对现代农业中农业信贷供求情况以及信贷创新模式进行了分析，并提出了相应的政策建议，但这些政策建议是在宏观层面的，没有进行实操性分析和效果评价，如能加强农业信贷政策的评估，将有助于政策制定的针对性，增加农业信贷供给量。

（3）对民间非正规借贷支持农业进行系统研究。民间非正规借贷在现代农业发展中起着很重要的作用，有力地弥补了金融机构信贷资金不足的问题。本书对民间非正规借贷支持农业产业发展的规模进行了测算，但其支持农业产业发展的区域特点、影响因素、效果评价、与金融机构信贷的相互关系等还值得我们进一步探讨与思考。

（4）对农业保险、农业股票、农业债券、农业期货等内容展开分析。从金融促进现代农业发展的角度，进一步加强农业资本市场、农业保险等方面的研究，可促进现代农业发展。

# 参 考 文 献

1. 爱德华·肖（Edward S. Shaw）：《经济发展中的金融深化》，上海三联书店 1988 年版。

2. 白钦先等：《各国农业政策性金融体制比较》，中国金融出版社 2006 年版。

3. 白钦先：《白钦先经济金融文集》（第二版），中国金融出版社 1999 年版。

4. 贝多广：《社会资金流动和发展资本市场》，载于《经济研究》2004 年第 7 期。

5. 财政部：《撬动金融资源回流"三农"》，载于《经济日报》2013 年 7 月 3 日。

6. 苍南县关于确定农业种养殖大户规模标准的意见（苍农〔2011〕54 号）。

7. 曹茸、农业部财务司司长李健华：《用财政撬动金融支农》，载于《中国农村信用合作报》2014 年 8 月 19 日第 001 版。

8. 陈剑锋等：《农地金融发展的调查与思考——以成渝地区的调研为视角》，载于《调研世界》2010 年第 6 期。

9. 陈锡文：《加快发展农业》，载于《求是》2013 年第 2 期。

10. 陈锡文：《中国特色农业现代化的几个主要问题》，载于《改革》2012 年第 10 期。

11. 陈雨露等：《中国农村金融论纲》，中国金融出版社 2010 年版。

12. 陈志兴等：《中国发展农业的对策选择》，载于《中国农学通报》2005 年第 9 期。

13. 崔凌琳等：《宁波在全国率先试点手机信贷》，载于《宁波晚报》

2012 年 3 月 14 日。

14.《邓小平文选》（第三卷），人民出版社 2001 年版。

15. 杜明义：《农地金融发展模式与配套制度构建》，载于《武汉金融》2014 年第 4 期。

16. 段书文：《中小企业融资问题研究——基于山西省案例分析》，载于《现代营销》（学苑版）2013 年第 8 期。

17. 冯玉华、张文方：《土地金融与农村经济发展》，载于《农业经济问题》1996 年第 5 期。

18. 傅德汉：《农地金融的国际经验及启示》，载于《中国金融》2013 年第 9 期。

19. 高海珠：《西方发达国家农业发展研究》，吉林大学博士学位论文，2007 年。

20. 高汉：《论农村土地金融制度的建立与发展》，载于《金融与经济》2005 年第 10 期。

21. 高彦彬：《农地金融创新与农地流转模式选择》，载于《调研世界》2009 年第 6 期。

22. 谷慎等：《金融制度缺陷：我国农村金融效率低下的根源》，载于《财经科学》2006 年第 9 期。

23. 管福泉等：《城乡金融发展对农村经济增长影响的案例剖析》，载于《经济纵横》2012 年第 2 期。

24. 郭安东等：《西部欠发达地区金融创新支持家庭农场浅议——基于陕西省富平县家庭农场金融需求情况的调研》，载于《西部金融》2013 年第 11 期。

25. 郭沛：《中国农村非正规金融规模估算》，载于《中国农村观察》2004 年第 2 期。

26. 郭鹏：《黑龙江省农村金融服务效率评价研究》，哈尔滨理工大学博士学位论文，2010 年。

27. 郭强等：《农业现代化发展水平评价体系研究》，载于《西南交通大学学报》2003 年第 1 期。

28. 韩长赋：《加快转变农业发展方式提高农业质量效益和竞争力》，载于《农业科技培训》2016 年第 1 期。

29. 韩俊：《中国农村金融调查》，上海远东出版社 2007 年版。

30. 何广文等：《把握农村金融需求特点，完善农村金融服务体系》，载于《中国金融》2003 年第 11 期。

31. 何广文：《从农村居民资金借贷行为看农村金融抑制与金融深化》，载于《中国农村经济》1999 年第 10 期。

32. 何广文等：《不同地区农户借贷行为及借入资金来源结构研究//万宝瑞：农业软科学研究新进展（1999～2000)》，中国农业出版社 2001 年版。

33. 何君等：《中国农业发展阶段特征及政策选择》，载于《中国农学通报》2010 年第 19 期。

34. 何艳桃等：《中国农业经营组织的生态绩效评估方法研究》，载于《重庆大学学报》（社会科学版）2008 年第 14 卷第 4 期。

35. 何宜强：《农业上市公司绩效综合评价的实证分析》，载于《江西财经大学学报》2005 年第 5 期。

36. 贺欣等：《北京郊区合作社融资现状调查与分析》，载于《中国农民合作社》2011 年第 1 期。

37. 黄光伟：《建设新农村背景下的农村金融问题研究》，西南财经大学博士学位论文，2008 年。

38. 黄祖辉等：《基于资源利用效率的农业评价体系研究——兼论浙江高效生态农业评价指标构建》，载于《农业经济问题》2009 年第 11 期。

39. 蒋和平等：《中国农业现代化水平的定量综合评价》，载于《农业现代化研究》2006 年第 2 期。

40. 蒋和平等：《中国特色农业现代化建设机制与模式》，中国农业出版社 2013 年版。

41. 蒋满霖：《中国农村金融生态优化的制度创新研究》，西北农林科技大学博士学位论文，2010 年。

42. 焦兵：《基于农户金融需求特点的农村金融发展模式》，载于《求索》2006 年第 9 期。

43. 靳淑平等:《马里等发展中国家的农业价值链融资问题》,载于《世界农业》2014 年第 12 期。

44. 靳淑平:《我国农村金融发展的历程探析》,载于《农业经济问题》2013 年增刊。

45. 匡家在:《1978 年以来的农村金融体制改革:政策演变与路径分析》,载于《中国经济史研究》2007 年第 1 期。

46. 雷蒙德·W. 戈德史密斯:《金融结构与发展》,中国社会科学出版社 1987 年版。

47. 李继志等:《农民专业合作社融资困境及对策——以湖南省沅江市为例》,载于《改革与战略》2013 年第 12 期。

48. 李建军:《未观测金融与经济运行》,中国金融出版社 2008 年版。

49. 李建军:《中国未观测信贷规模的变化:1978—2008 年》,载于《金融研究》2010 年第 4 期。

50. 李军峰:《基于信息不对称的农村金融组织研究》,河北农业大学博士学位论文,2009 年。

51. 李军民:《国外农业产业链运作的经验》,载于《新农村》2007 年第 5 期。

52. 李麟等:《移动金融——创建移动互联网时代新金融模式》,清华大学出版社 2013 年版。

53. 李润平:《金融服务农民专业合作社的现状及对策——基于河北、安徽两省的问卷调查》,载于《现代经济探讨》2013 年第 9 期。

54. 李学春:《基于功能视角的农村金融体系构建研究》,山东农业大学博士学位论文,2009 年。

55. 李永平:《农村非正规金融效率:观点、评价及对我国的分析》,载于《安徽农业科学》2007 年第 21 期。

56. 林乐芬:《中国农业上市公司绩效的实证分析》,载于《中国农村观察》2004 年第 6 期。

57. 林毅夫等:《对赶超战略的反思》,载于《战略与管理》1994 年第

12 期。

58. 刘莉亚等：《农户融资现状及成因分析》，载于《中国农村观察》2009 年第 3 期。

59. 刘玲玲等：《清华大学经管学院中国农村金融发展研究报告完结篇（2008～2010）》，清华大学出版社 2010 年版。

60. 刘西川等：《农业产业链融资：案例考察与博弈分析》，载于《金融发展评论》2012 年第 3 期。

61. 刘晓越：《中国农业现代化进程研究与实证分析》，载于《统计研究》2004 年第 2 期。

62. 刘巽浩等：《中国农业现代化与持续化指标体系的研究》，载于《农业现代化研究》1995 年第 5 期。

63. 刘云：《成都郫县的农业模式研究》，北京工业大学博士学位论文，2005 年。

64. 陆文强：《如何认识我国农业发展的新阶段》，载于《求是》2001 年第 8 期。

65. 吕珊珊：《我国村镇银行经营模式及其绩效研究》，河南理工大学博士学位论文，2010 年。

66. 罗纳德·麦金农：《经济发展中的货币与资本》，中国金融出版社 1994 年版。

67.《马克思恩格斯全集》（第 24 卷），人民出版社 1972 年版。

68.《马克思恩格斯全集》（第 46 卷），人民出版社 2003 年版。

69. 马晓河等：《工业反哺农业的国际经验及我国的政策调整思路》，载于《管理世界》2005 年第 7 期。

70. 梅勒：《农业发展经济学》，北京农业大学出版社 1990 年版。

71. 穆林：《中国西部地区非正规金融发展：模式选择、制度设计及政策建议》，西北大学博士学位论文，2009 年。

72. 牛晓叶等：《农业现代化实现程度的灰色综合评价》，载于《安徽农业科学》2007 年第 35 卷第 27 期。

73. 农业部调研报告：《改革创新破解农村金融服务难题》，2010 年。

74. 农业部课题组：《新时期农村发展战略研究》，中国农业出版社2005年版。

75. 农业部软科学委员会课题组：《中国农业发展新阶段的特征和政策研究》，载于《农业经济问题》2001年第1期。

76. 彭芳春：《中西部民间金融研究：武汉特点与规模测算》，载于《统计与决策》2010年第10期。

77. 秦建群等：《中国农户信贷需求及其影响因素分析——基于Logistic模型的实证研究》，载于《当代经济科学》2011年第5期。

78. 邱正文：《"十二五"发展期的农村金融服务体系构思——基于长沙市农业发展模式的分析》，载于《当代世界与社会主义》2012年第1期。

79. 冉光和等：《农村金融发展与农村经济增长的实证研究——以山东为例》，载于《农业经济问题》2008年第6期。

80. 商洛市人民政府关于支持农业专业大户家庭农场发展的意见（商政发〔2013〕14号）。

81. 邵传林：《制度变迁下的中国农村非正规金融研究：自农户视角观察》，西北大学博士学位论文，2011年。

82. 施晟等：《中国农业发展的阶段定位及区域聚类分析》，载于《经济学家》2012年第4期。

83. 苏士儒等：《农村非正规金融发展与金融体系建设》，载于《金融研究》2006年第5期。

84. 速水佑次郎：《发展经济学：从贫困到富裕》（第3版），社会科学文献出版社2009年版。

85. 孙雷等：《建设新农村需构建新型农村金融体系》，载于《济南金融》2006年第5期。

86. 唐园结等：《打造农村互联网金融新模式》，载于《农民日报》2015年3月25日。

87. T. W. 舒尔茨：《改造传统农业》，商务出版社1964年版。

88. 田力等：《中国农村金融融量问题研究》，载于《金融研究》2004年第3期。

89. 托马斯·赫尔曼等：《金融约束：一个新的分析框架》，载于《经济导刊》1997 年第 5 期。

90. 王冰等：《财政撬动金融资金保障农村资金投入》，载于《南方日报》2008 年 10 月 29 日，第 A13 版。

91. 王昌盛等：《肯尼亚 M－Pesa 手机银行的中国启示》，载于《财新网》2014 年 11 月 18 日。

92. 王大军：《商业银行的移动金融转型》，载于《中国金融》2013 年第 24 期。

93. 王涛：《合作金融制度研究——基于新制度经济学的视角》，西南财经大学博士学位论文，2010 年。

94. 卫龙宝等：《中国特色农业现代化道路进程中的主要矛盾与对策》，载于《农业现代化研究》2009 年第 2 期。

95. 魏翔等：《甘肃省农民专业合作社外源融资环境分析——基于 160 家省级示范社的调查》，载于《西南农业大学学报》（社会科学版）2012 年第 10 卷第 1 期。

96. 温涛等：《中国金融发展与农民收入增长》，载于《经济研究》2005 年第 9 期。

97. 温涛等：《政府主导的农业信贷、财政支农模式的经济效应——基于中国 1952～2002 年的经验验证》，载于《中国农村经济》2005 年第 10 期。

98. 温铁军：《三农问题与世纪反思》，上海三联书店 2005 年版。

99. 温铁军：《农户信用与民间借贷研究课题主报告》，中经网 50 人论坛，2001 年 6 月 7 日。

100. 吴海峰等：《新型农业现代化发展研究》，载于《中州学刊》2013 年第 1 期。

101. 吴红卫等：《浙江农村金融问题调查解析——基于百户种植大户和百户养殖大户问卷调查》，载于《调研世界》2012 年第 12 期。

102. 吴玲：《新中国农地产权制度变迁研究》，东北农业大学博士学位论文，2005 年。

103. 肖建华：《浅析农村土地承包经营权抵押贷款的难点及对策》，载于《金融网》2014 年 8 月 27 日。

104. 谢龙：《吉林省农业建设中的粮食种植技术评价》，吉林农业大学博士学位论文，2008 年。

105. 谢琼等：《农村金融发展促进农村经济增长了吗？》，载于《经济评论》2009 年第 3 期。

106. 徐薇：《农业跨越发展的支撑体系与政策选择——基于四川省的实证分析》，载于《开发研究》2010 年第 2 期。

107. 徐星明等：《我国农业现代化进程评价》，载于《农业现代化研究》2000 年第 5 期。

108. 徐忠等：《利率政策、农村金融机构行为与农村信贷短缺》，载于《金融研究》2004 年第 12 期。

109. 许彪等：《农业类上市公司经营绩效评价》，载于《农业技术经济》2000 年第 6 期。

110. 许清正：《我国农村金融供给模式研究》，南开大学博士学位论文，2009 年。

111. 亚当·斯密：《国民财富的性质和原因的研究》（上卷），商务出印书馆 1972 年版。

112. 严瑞珍等：《中国农村金融体系现状分析与改革建议》，载于《农业经济问题》2003 年第 7 期。

113. 颜志杰等：《中国农户信贷特征及其影响因素分析》，载于《农业技术经济》2005 年第 4 期。

114. 杨孚文等：《农业企业融资问题调查分析》，载于《价值工程》2010 年第 32 期。

115. 杨明生：《农业贷款转非农业贷款是必然》，载于《新华网》2003 年 12 月 29 日。

116. 姚耀军：《中国农村金融体系的资金配置功能分析》，载于《财经理论与实践》2006 年第 4 期。

117. 约翰·梅尔：《农业经济发展学》（何宝玉等译），农村读物出版社 1988 年版。

118. 岳意定等：《试析农地资本化在农村土地保障制度渐进变迁中的作用》，载于《经济体制改革》2007 年第 3 期。

119. 曾利彬：《我国农业现代化评价指标体系设计》，载于《安徽农业科学》2008 年第 4 期。

120. 张兵等：《江苏省农村信贷资金配置效率——基于面板数据的经验分析》，载于《中国农村经济》2007 年第 6 期。

121. 张红宇：《中国农村金融组织体系：绩效、缺陷与制度创新》，载于《中国农村观察》2004 年第 2 期。

122. 张敬石等：《中国农村金融发展对农村内部收入差距的影响——基于 VAR 模型的分析》，载于《农业技术经济》2011 年第 1 期。

123. 张静：《浅析农民专业合作社融资需求与信贷配给》，载于《农村金融研究》2013 年第 6 期。

124. 张义豪：《中部地区农村金融生态环境评价研究》，中国海洋大学博士学位论文，2011 年。

125. 郑晖：《建设农业政策性银行》，载于《中国金融》2012 年第 18 期。

126. 中共中央政策研究室等：《全国农村固定观察点调查数据汇编（2000—2009）》，中国农业出版社 2010 年版。

127. 中国农业银行战略规划部等：《中国农村家庭金融发展报告2014》，西南财经大学出版社 2014 年版。

128. 中国人民银行农村金融服务研究小组：《中国农村金融服务报告2012》，中国金融出版社 2014 年版。

129. 中国人民银行农户借贷情况问卷调查分析小组：《农户借贷情况问卷调查分析报告》，经济科学出版社 2009 年版。

130. 周才云：《我国"三农"发展中的金融服务研究》，江西财经大学博士学位论文，2009 年。

131. 周洁红等：《农业现代化评论综述——内涵、标准与特性》，载于《农业经济》2002 年第 11 期。

132. 周一鹿：《中国农业信贷资金配置效率研究》，西南大学博士学位论文，2010 年。

133. 朱丽莉等：《农业上市公司经营绩效的因子分析》，载于《南京农业大学学报》（社会科学版）2004 年第 4 卷第 4 期。

134. Abedullah, N. Mahmood, M. Khalid and S. Kouser, "The Role of Agricultural Credit in the Growth of Livestock Sector: A Case Study of Faisalabad Pakistan", *Vet. J.*, 2009, 29 (2): 81 – 84.

135. Adam, Dale W., Robert C. Vogel. "Rural Financial Markets in Low-income Countries". In Eicher, Carl and John Staatz (eds), *Agricultural Development in the Third World*, Second Edition, The John Hopkins University Press, Baltimore, 1990.

136. Adams D., Graham D., and Von Pischke J., *Undermining Rural Development with Cheap Cridit*, Westview Press, Boulder, Co., 1984.

137. Dalber, "Catalyzing Smallholder Agricultural Finance", www. dalberg. com, 2012.

138. De Vos H., Haaker T., Teerling M., Consumer Value of Context Aware and Location based Mobile Services, 21st Bled eConference eCollaboration: Overcoming Boundaries through Multi-Channel Interaction, June 15 – 18, Bled, Slovenia, 2008.

139. Dries L., Germenji E., Noev N., Swinnen, J. F. M., "Farmers, Vertical Coordination, and the Restructuring of Dairy Supply Chains in Central and Eastern Europe", *World Development*, 2009, 37 (11): 1742 – 1758.

140. Dries, L., Swinnen, J., "Foreign Direct Investment, Vertical Integration and Local Suppliers: Evidence from the Polish Dairy Sector", *World Development*, 2004, 32 (9): 1525 – 1544.

141. Eduardo R. C., E. C. Teixeira, "Rural Credit and Agricultural Supply in Brazil", *Agricultural Economics*, 2012, 43: 293 – 301.

142. Ekumah E. K, Essel T. T., "Information is Power. The Problem with Credit Accessibility in Rural Banks in Ghana", Ghana: International labor organization 2002, 2003.

143. Fry M. J., *Money Interest and Banking Economic Development*, 2nd

Edn. , Johns, Hopkins University Press, Baltimore MD. , 1995.

144. Ghorbani, M. , "The Role of Credit Institutions in Rural Investment Development in Agricultural Sector, Proposed Research to Agricultural Planning and Economic Research Institute", Jihad-Agriculture Ministry of Iran, 2005.

145. Gow H. , Streeter D. H. , Swinnen J. , "How Private Contract Enforcement Mechanisms can Succeed Where Public Institutions Fail: The Case of Juhocukor", *Agricultural Economics*, 2000, 23 (3): 253 – 265.

146. Greenwood, Jeremy and Boyan Jovanovic. , "Financial Development, Growth, and Distribution of Income", *Journal of Political Economy*, 1990, 98 (5): 1076 – 1107.

147. Gulati A. , Minot N. , Delgado C. , Bora S. , "Growth in High-Value Agriculture in Asia and the Emergence of Vertical Links with Farmers", in Swinnen, J. (ed. ) *Global Supply Chains: Standards and the Poor.* CAB International Publishing, 2007.

148. Hellman et al. , *Financial Restraint: Toward a New Paradigm*, New York: Oxford University Press, 1996.

149. Henson, S. J. , "National Laws, Regulations, and Institutional Capabilities for Standards Development", Paper Prepared for World Bank Training Seminar on Standards and Trade, January 27 – 28, 2004. Washington DC.

150. Huang Jikun, Rozelle Scott and Wang Honglin, "Fostering or Stripping rural China: Modernizing Agriculture and Rural to Urban Capital Flows", CCAP Working Paper, Center for Chinese Agricultural Policy, Chinese Academy of Sciences, 2003.

151. IFAD (2003), Agricultural Marketing Companies as Sources of Smallholder Credit in Eastern and Southern Africa. Experiences, Insights and Potential Donor Role, Rome, December 2003.

152. IFAD: / Rural Financial Services in China, Thematic Study, Volume I - Main Report. Report No. 1147- CN Rev, 2001.

153. Iqbal M. , A Munir and K Abbas, "The Impact of Institutional Credit

on Agricultural Production in Pakistan", *The Pakistan Development Review*, 2003, 42 (4): 469 – 485.

154. Iqbal Muhammad, M. Azeem Khan, and Munir Ahmad, "Determinants of Higher Wheat Productivity in Irrigated Pakistan", *The Pakistan Development Review*, 2001, 40: 4 Part II P753 – 766.

155. Jonson, Bruce F. and John Cownie, "The Seed- fertilizer Revolution and Labor Force Absorption", *American Economic Review* 1969, 4: 569 – 582.

156. King R. and R. Levine, "Finance and Growth: Schumpeter Might Be Right", *Quarterly Journal of Economics*, 1993, 108 (3): 713 – 717.

157. King R. G., R. Levine, "Finance, Entrepreneurship, and Growth: Theory and Evidence", *Journal of Monetary Economics*, 1993, 32: 513 – 524.

158. Lai K. C. and Cistulli V., Decentralization of Agricultural Service, 2005.

159. Luarn P., Lin H., "Toward an Understanding of the Behavioral Intention to Use Mobile Banking", *Computers in Human Behavior*, 2005, 21: 873 – 891.

160. Hellman, et al., *Financial Restraint: Toward a New Paradigm*, New York: Oxford University Press, 1996.

161. Maertens M., Dries L., Dedehouanou F. A., Swinnen, J., "High-Value Supply Chains, Food Standards and Rural Households in Senegal", In: Swinnen, J. (ed.), *Global Supply Chains: Standards and the Poor*. CAB International Publishing, 2007.

162. Mark J. Garmaise and Gabriel Natividad, "Cheap Credit, Lending Operations, and International Politics: The Case of Global Microfinance", *The Journal of Finance*, 2013, Lxiii (4).

163. Minten B., Randrianarison L., Swinnen J., Global Retail Chains and Poor Farmers, 2009.

164. Mohamed K., *Research on Poverty Alleviation*, Tanzania: Mkuki na Nyota Publishers, 2003.

165. Mpuga, P., "Demand for Credit in Rural Uganda: Who Cares for the Peasants?", A Paper Presented at the Conference on Growth, Poverty Reduction and Human Development in Africa Centre for the Study of African Economies. March 21 – 22, 2004.

166. M. R. Kohansal, M. Ghorbani and H. Mansoori, "Effect of Credit Accessiblity Farmers on Agricultural Investment and Investigition of Policy Options in Khorasan-Razavi Province", *Journal of Applied Sciences*, 2008, 8 (23): 4455 – 4459.

167. Odedokun M. Q., "Supply-lcading and Demand-following Relationship between Ecnomic Activity and Development Banking in Developing Countries: A International Evidenc", *Singapore Economic Review*, 1992, 37: 46 – 58.

168. Pham B. D., Y. Izumida., "Rural Development Finance in Vietnam: A Microeconometric Analysis of Household Surveys", *World Development*, 2002, 30 (2): 319 – 335.

169. Pischke, Adams, Donald, *Rural Financial Markets in Developing Countries*, The Johns Hopkins University Press, 1987.

170. Poulton C., Dorward, A., Kydd J., Poole N., Smith L., "A New Institutional Economics Perspective on Current Policy Debates", in Dorward, A., Kydd, J., Poulton, C. (eds.), *Smallholder Cash Crop Production under Market Liberalisation: A New Institutional Economics Perspective*, CAB International, Oxon, 1998: 56 – 112.

171. Ratten V., "Technological Innovations in the M-commerce Industry: A Conceptual Model of WAP Banking Iintentions", *Journal of High Technology Management Research*, 2008, 18: 111 – 117.

172. Reuben Jessop, Boubacar Diallo, Marjan Duursma, Abdallah Mallek, Job Harms, Bert van Manen, "Creating Access to Agricultural Finance – Based on a horizontal study of Cambodia, Mali, Senegal, Tanzania, Thailand and Tunisia", *Agence Feancaise De Developpement*, 2012 (6).

173. Riivari J., "Mobile Banking: A Powerful New Marketing and CRM

Tool for Financial Services Companies all over Europe", *Journal of Financial Services Marketing*, 2005, 10 (1): 11 – 20.

174. Robin Burgess and Rohini Pande, "Do Rural Banks Matter? Evidence from the Indian Social Banking Experiment London", Centre for Economic Policy Research Working Paper, 2002.

175. Rozelle S., Swinnen J., "Success and Failure of Reforms: Insights from Transition Agriculture", *Journal of Economic Literature*, 2004, 42 (2): 404 – 456.

176. Saboor Abdul, Maqsood Hussain and Madiha Munir, "Impact of Micro Credit in Alleviating Poverty: An Insight from Rural Rawalpindi, Pakistan", *Pak. j. life soc. sci*, 2009, 7 (1): 90 – 97.

177. Schultz Theodore W., *Transforming Traditional Agriculture*, New Haven: Yale University Press, 1964.

178. Siddiqi Muhammad Wasif Mazhar-ul-Haq, Kishwar Naheed Baluch, "Institutional Credit: A Policy Tool for Enhancement of Agricultural Income of Pakistan", *International Research Journal of Arts & Humanities (IRJAH)*, 2004 (37).

179. Sohail J., Malik, Muhammad Mushtaq and Manzoor A. Gull, "The Role of Institutional Credit in the Agricultural Development of Pakistan", *The Pakistan Development Review*, 1991, 30: 4 part Ⅱ P1039 – 1048.

180. Swinnen J., "The Dynamics of Vertical Coordination in Agrifood Chains in Eastern Europe and Central Asia: Case Studies", Washington DC: The World Bank, 2006.

181. Tiwari R., Buse S. and Herstatt C., "Customer on the Move: Strategic Implications of Mobile Banking for Banks and Financial Enterprises", in Proceedings of the 8th IEEE International Conference on E-Commerce Technology and The 3rd IEEE International Conference on Enterprise Computing, E-Commerce, and E-Services (CEC/EEE'06), San Francisco, 2006: 522 – 529.

182. Tsai, K., "Beyond Banks: Informal Finance and Private Sector De-

velopment in Contemporary China", Presented at the Conference on *Financial Sector Reform in China*, September 11 – 13, 2001.

183. Waqar Akram, Zakir Hussain, Hazoor M. Sabir and Ijaz Hussain, "Impact of agriculture credit on growth and poverty in Pakistan" (Time Series Analysis through Error Correction Model), *European Journal of Scientific Research*, 2008, 23 (2): 243 – 251.

184. White J. , Gorton M. , "Vertical Coordination in TC Agrifood Chains as an Engine of Private Sector Development: Implications for Policy and Bank Operations", Washington DC: The World Bank, 2004.

185. World Bank, "The Dynamics of Vertical Coordination in Agrifood Chains in Eastern Europe and Central Asia", Implications for Policy Making and World Bank Operations, Washington DC: The World Bank, 2005.

186. Wu J. H. , Hisa T. L. , "Developing E-business Dynamic Capabilities: An Analysis of E-commerce Innovation from I-, M-, to U-commerce", *Journal of Organizational Computing and Electronic Commerce*, 2008, 18: 95 – 111.

187. Yusuf M. , *Farm Credit Situation in Asia*, Asian productivity organization, Tokyo, Japan, 1984: 455 – 494.

188. Zuberi, H. A. , "Institutional Credit and Agricultural Development within the Framework of Balanced Growth", *Journal of Economic Development*, 1990: 121 – 137.

189. Zuberi II. A. , "Production Function, Institutional Credit and Agriculture Development in Pakistan", *The Pakistan Development Review*, 1989, 28: 1.

190. Zuberi H. A. , "Institutional Credit and Balanced Growth: A Case Study of Pakistan", *Journal of Economic Development*, 1983, 8 (2): 167 – 184.

**图书在版编目（CIP）数据**

现代农业视角下的农业信贷需求与供给研究/靳淑平等著.
—北京：经济科学出版社，2020.7
（中国农业科学院农业经济与发展研究所研究论丛. 第 5 辑）
ISBN 978 - 7 - 5218 - 1631 - 0

Ⅰ. ①现⋯　Ⅱ. ①靳⋯　Ⅲ. ①农业信贷 - 研究 - 中国
Ⅳ. ①F832. 43

中国版本图书馆 CIP 数据核字（2020）第 099109 号

责任编辑：齐伟娜　初少磊
责任校对：杨　海
责任印制：李　鹏　范　艳

**现代农业视角下的农业信贷需求与供给研究**

靳淑平　王济民　著

经济科学出版社出版、发行　新华书店经销

社址：北京市海淀区阜成路甲 28 号　邮编：100142

总编部电话：010 - 88191217　发行部电话：010 - 88191540

网址：www. esp. com. cn

电子邮箱：esp@ esp. com. cn

天猫网店：经济科学出版社旗舰店

网址：http://jjkxcbs. tmall. com

北京季蜂印刷有限公司印装

710 × 1000　16 开　11.5 印张　180000 字

2021 年 4 月第 1 版　2021 年 4 月第 1 次印刷

ISBN 978 - 7 - 5218 - 1631 - 0　定价：56.00 元

**（图书出现印装问题，本社负责调换。电话：010 - 88191502）**

**（版权所有　翻印必究　举报电话：010 - 88191586**

**电子邮箱：dbts@ esp. com. cn）**